生命哲學的美學

羅 光著

臺灣學生書局印行

序

三十多年以前，我在羅瑪任教時，寫了一部《士林哲學》書中介紹這門學術。書分理論和實踐兩篇；在實踐篇的最後一卷講論美學。從士林哲學立場討論美和美術的問題，也簡單敘述了西洋美學史。三十多年來，雖然讀了一些美學的書，又因性好藝術，收集了兩百餘冊的中西畫冊；然沒有再研究美的哲學。

既然提倡生命哲學，生命遍及人生各方面，生命哲學對於美學必定該有自己的理想。連年寫了生命哲學的幾冊書，卻沒有專門討論這門學術，《羅光全書》都已出版了，便祇好留下了這項缺點。

上主天父卻很慈悲，令我從瀕死的病症中，能夠再有時間和精力，持筆寫作。當然不能精心作專門學術的長篇文章，我還是寫了《生命哲學的美學》這本書，文字不多，參考書目不全，然勉強可以說明生命哲學的美學思想。書中第一章論美，第二章論美術，第三章中國美學思想史。最後我把《士林哲學，實踐篇》中的〈西洋美術思想〉這一章放在附錄以滿全這書，因爲那一章頗爲詳細，我目前也沒有更多的資料。因爲老而病，各章引述別的學者的話頗多，免得自己多說話。

若要問這冊小書的主要思想，有兩點很重要：第一點：說明美是生命充實而有光輝。自然美是這樣，美術美也是這樣。藝術家創作美術品，是他生命發展充實而有光輝。第二點：美感是生命發展的感應。自然美和美術品被欣享時，美的充實和光輝在欣享者的生命中激起感應，產生趣味。美和美感都是生命的活動。關於這兩點，中國歷代的美學思想很相符合。

因此，生命哲學和美學有形而上的基礎。

老病夫序於天母牧盧

中華民國八十七年十二月十二日

生命哲學的美學

目　錄

第二章 美術

第一章　美

一、美的意義

1. 美—充實而有光輝

美學爲哲學的一部份，也是社會心理學的一部份，而且講藝術美的人，在人文學的各方面佔重要位置；因爲美和人的生活連在一起。人生性就求美：求自己狀貌的美，求自己住屋的美，求婚姻生活的美。人生性又求欣賞美的樂趣，古今文士詩人，都即興創造詩文，留下美的描繪。

美既然和生活連在一起，和生命哲學的關係就密切了；不僅僅在實際生活上，關係密切，而是在哲學的理論上，生命是美的根基，普通哲學給美的定義，是「所有分子互相協調而統一」這種定義看來和生命不相關。不過協調和統一，是關於由分子構成的物體，對於沒有分子的精神體則用不上。造物主是全美，是絕對的美；可是不能說造物主的美是分子的協調和統一，因爲造物主是極純的精神體。

我認爲美的定義，可以由孟子的話去定：孟子說：「可欲之謂善，有諸己之謂信，充實之謂美，充實而有光輝之謂大，大而化之之謂聖，聖而不可知之之謂神。」（盡心下）孟子所說的大，可以作爲美的定義，「美是充實而有光輝。」所謂充實而有光輝是從性的本體說，無論精神體或物質體都可以用。

生命哲學的生命是實體的本體，在實際上實體就是存在，存在就是動，存在的動就是生命；美和生命同爲實體的本體。存在既是本體的根基，存在既是生命，生命便是美的根基。

浩生不害問孟子說：樂正子是怎麼樣的人？孟子答說：他是善人，也是信實的人。孟子接著解釋善和信的意義，乃列舉了善、信、美、大、聖、神，再加聲明說：「樂正子，二者之中，四者之下。」孟子答詞是從倫理道德方面講，講在精神生活的修養有五種人格，層層往上。五種人格代表精神生活的五種境界，孟子以後的人，評論美術作品時，就常借用孟子的這五種品格，分美術作品爲五等，最高的美術品乃是神品。例如中國詩人，李白爲詩仙（神），杜甫爲詩聖。

把孟子的話用在美學上，要從實體的本體去講，「充實之謂美」，表示本體的內涵充實，即是本體完滿而眞實，即本體是眞是善。這種充實，爲每個實體可以存有的必要條件，但不能就說是美。在物質物體的本體，所有分子自然結構均勻而統一，這就是美的成分；每個物體的本體，便都是眞美善。

精神實體沒有分子，它的本體當然充實，有美的基本。物質物有協調、均勻和統一而稱美，也祇是本體的美；實際的美，需要有表達之美。自然物質物具有表達之美，便是自然美；人造物具有表達之美，便是美術之美。精神實體常是自然實體，不能由人工所造，它的本體的充實，自然表達於外，精神實體，所以常是美。人的靈魂是一種精神實體，也是一種美的實體，靈魂美的表現，常藉身體而表現，因爲人是心物合一體。一個人氣宇高雅，溫和迎人，謙讓有禮，他人便都感到他的品格之美，也就是靈魂之美。

我們就要把孟子所說：「充實之謂美，充實而有光輝之謂大。」連在一起，「充實而有光輝」才是美。

2. 生命充實而有光輝才是美

「充實而有光輝」，充實是就本體講，是美的內，光輝是就表達講，是美的外，美要有內外。

造物主是絕對精神體，本體充實，內涵無限。造物主本體的表露，具有至高至大的光輝，乃稱爲絕對至高之美。天使和聖人在天庭的幸福，即是在造物主的光輝中欣賞造物主本體的充實。造物主乃即是絕對的眞美善。人的心自然傾向於眞美善，在宇宙內的人世間，沒有絕對的眞美善可以滿足人心，在天庭欣賞造物主絕對眞美善，人心才得滿足。

光輝是充實的表達，表達爲美的要素，表達而有光輝，第一要有實際性的表達，不是抽象式的表達。在天庭欣賞天主的本體，是欣賞天主本體的實際表達，是面對面欣賞天主，在人世欣賞天主，則是欣賞天主本體在信仰中的觀念，是一種推測式的認識天主。第二，要有明朗的表達，不論直接或間接，總要明朗把「本體充實」表達出來。現代美學有許多派別，主張隱晦的表達方式，如立體派美術論，未來派美術論，超現實派美術論，抽象派美術論，都不注意內容的表達，或者竟沒有內容。這樣的美，不能用直接去欣賞，而要用理智去思索；有點像佛教禪宗的公案，面對一句話或一種工作，煞費心思去追求意義，理智碰到了銅牆鐵壁，一片昏黑，突然間牆倒天開，看到另一天地。批評它不是美術，它卻又是美術。笛卡爾曾要求「眞」的條件要有明朗，一樁事件或一項理論，若迷迷濛濛看不清楚，則不能認爲眞理。美爲直覺的欣賞，若是要加思索，則不合符美的條件。例如講笑話，是要聽了就笑，若是聽了，不覺得可笑，等到思索了半天，才覺到可笑，那已經不是笑話了。又例如講譬喻，譬喻和所譬喻的事要很清楚，否則譬喻就沒有意思。第三，符合人心的美感。在美感中，外在的美，適合人心的美感，引起共鳴，這是一種相互的關係。人的本體是眞善美，人心有眞善美的要求。理智要求眞，意志要求善，什麼要求美呢？普通美學者認爲人心有一種美感，但是美感究竟怎麼樣？大家都不敢說一定是什麼。可以說一定不是外在的感官。雖然眼和耳和手能夠感到美，顏色美必定要由視覺而感到，音樂美必由聽覺而感到，潤澤光滑要由觸覺而感到；但這些感官本身不是爲感覺美，各有各自的感覺對象。從生命哲學去看，美感是生命的活動，要由生命的活動中去尋覓。第四，美是動的不能是靜止的。靜止的表現，一覽無遺，不足使情感滿足。本體的存在既是生命，生命常自動不息，感情也常是動的，感情所要求的美，也應是動的，美術的作品雖常是靜的，但在靜中常表現動的意境，所以靜中有動。完全死靜的物品，不能成爲美術品。

二、美感

1. 美感是情感

美感是人心的情感。在哲學和心理學中，人心具有三項天生的活動，也就是生命的活動。人心有理智的活動，以追求眞；人心有意志的活動，追求善；人心有感情的活動，追求美。

美不屬於理智，然不離開理智；美不屬於意志，然也不離開意志；美，屬於情感，因爲愉快和趣味屬於情感，美感必定有愉快和趣味，趣味乃是美的要素。

情，在宋明理學家思想中，爲心之動。「心統性情」，性爲心之本，情爲心之動。性爲理，即一物爲這物之理；性之理有動靜兩方面，在理論方面，性之理是靜的，是抽象的，在實際方面，性之理在物體的本體內，隨著本體動而動，成了生命之理。情既爲心之動，情是動，不是呆靜。

情，在心理學上，爲神經的動，可以受機器的測驗，可以使人心有所感觸。《中庸》第一章說：「喜怒哀樂之未發謂之中，發而皆中節謂之和。」喜怒哀樂標示人心的感觸，一種感觸便是一種情。情未發時沒有情，人心沒有動，稱爲中；情發時便有情，情發而中節謂之和。和，合於倫理規律，這是善。中國哲學傳統，常以善惡歸之於情；且以惡歸之於慾。

情的目標在於愉快，在於趣味的滿足。肉性的情而爲慾，慾的滿足常爲物質的愉快，常爲物質感官的滿足，沒有美感的可能。但是在人文氣度高的人，在物質情慾的趣味時，就尋求美的享受。中國古代的歌妓，爲詩人文人陪酒作樂，宋朝詞家常有即席作詞；又如日本的藝妓，行動執禮，多有禮儀之美。中國烹飪也爲藝術，講究色香味之美。至於非物質的情，例如愛，愛人愛物，愛情所追求的，是美，結果有喜有樂；反之，若所得的不美，則有怒有恨有哀。

但是人心對於「眞」和「善」也有愉快，也可以說有趣味。例如在研究工作裡，一個問題久不能解決，一旦得到了解決，心情就非常愉快。又例如面對一位品格高尙的長者，心情也覺得高興。這兩種愉快的情緒，不是來自美感，可見「情」不是祇有美感，這種現象跟「情」的本性有關。「情」的本性是生命的活動，是生命對自己的發展覺得滿意。「眞」和「善」爲生命的發展，當然可以使生命自覺滿意。然而人心對「眞」和「善」的滿意，是對「美」的滿意延伸而來的。「眞」和「善」能夠使人心滿意，一定因爲「眞」或「善」得到了「充實」，原先有的缺憾，現在被塡滿，因而人心覺到滿足。這種滿足，是對「充實」的滿足，是美感。

朱光潛曾說：「美感經驗是一種聚精會神的觀點，我祇以一部份自我——直覺的活動——

—對物，一不用抽象的思考，二不起意志和慾念；物也祇以一部份——它的形相——對我，它的意義和效用都暫時退避到意識閾之外，我祇是聚精會神地觀賞一個孤立絕緣的意象，不問它和其他事物的關係若何。」❶

他又說有些學者誤解了美感經驗：「第一個誤解是美感與快感的混淆。……有些美學家見到快感不盡是美感，於是替它們勉強定出一個分別來，卻又往往不恰人意。英國享樂派美學就犯了這個毛病。倍恩（Bain）說，美感是可以使許多人共享的，尋常快樂則爲個人所獨有的。……格蘭亞倫（Grant Allen）以爲美感限於耳目兩種高等感官，至於鼻舌皮膚筋肉內臟等低等感官則不能發生美感。」❷

「這種分別本來淺而易見，但是現代有兩派從心理學觀點研究的人們卻因爲不明白這種很淺顯的分別而走入迷途。第一就是佛洛伊德學派學者，他們把文藝看作慾望的化裝的滿足。」❸

「此外德國和美國近來有許多研究『實驗美學』的心理學家，也犯同樣的毛病。他們把造型藝術分割爲零碎的顏色及線形，把音樂分割爲零碎的音調，然後拿這些零碎的顏色線形和音調來測驗觀者或聽者，問他們歡喜那一種，討厭那一種，那一種所生的心理和生理變化如何。測驗過幾十人或幾萬人以後，他們於是把結果造成統計，說某種顏色對於某種人某種年齡是最美的，某種線形對於某種人某種年齡是最醜的。……他們的錯誤在把快感混爲美感。」❹

「康德把討論美學的一部份哲學叫做『判斷力批判』，又鑄了『美感的判斷』一個名詞來稱呼美感觀照，釀成後來學者的許多誤會。美感是一種極單純的直覺活動，對於所觀照的

對象並不加肯定或否定，所以不用判斷。」❺

引用了一大段朱光潛的話，爲的可以省掉許多研究的工作和時間，爲我老病夫是一樁節省精力的事。我樂於做了；可是我的思想卻並不和朱光潛相同。

美，該有美感，美感本身是生命充實發展的互應；我的生命追求充實發展，達到了充實的相當程度，遇到別一生命也達到相當程度的充實，兩種相遇就發生互相互應的愉快，兩者趣味相投。這種美感不是感覺上的愉快，而是生命自然的滿足。

有美感的生命，必是理性生命；不是理性生命可以有快感，但不能有美感；例如狗、貓。理性生命遇到另一充實有光輝的生命，興起美感。能引起美感的實體，可以是精神體，可以是物質體；可以是理性體，可以是非理性體；但必須充實而有光輝。因此，談美感，就要注意興起美感的主體和引起美感的客體。美，是在引起美感的客體，主體是欣賞美而有美感。

2. 美感是美的認知——直覺

美感不是抽象認識，也不是理智的認識，而是一種形相的直覺；所以美必有形相，而且光輝也應有具體的形相。對於物質性的美，這種形相乃是美的要素，而且物質性的美就是形相之美。談美，乃談形相的份子的協調、均均、平衡、統一。對於精神之美，要談精神形相，形相是本體向外表現，精神體的本體全部表現，沒有本體和形相之分；絕對精神體更沒有形相之可能。祇是人們的認識，常帶有空間和時間的特性。康德曾主張空間和時間爲先天的範疇，因爲人們對於變動的認識，不能離開時間，並且也不能離開空間；可是精神體的動是不含時間的，精神美的形相就是精神體本體，精神本體的光輝就是美。我們教會的禮儀經文，「主，聖父，求祢垂念已亡的親友，和所有在祢寵愛中去世的人，恩賜他們進入天國，永遠同享祢光輝的聖容。」聖保祿和聖若望兩位宗徒都說：現在我們認識天主是在信仰中推測，將來我們登天，則面對面看見天主，看見天主本來是怎樣。天主光輝的聖容，或聖容的光輝，就是天主自己，而不是天主的形相。

物質物的美必定要有具體的形相。形相爲能有光輝，要有以下特性：鮮明、均衡、結構統一。

美感的接觸是直接的，不經過思索，又是單純的，不含功利，但含有興趣。我想對「直接」和「興趣」加以討論，對美感的單純也加以說明。

三、直覺——體驗

1. 體驗是生命的接觸

美感是直覺，不是思索推論。充實而有光輝的美，呈現在觀賞者的心目中是直接的，不要經過思索研究。在認識論裡，通常區分認識爲三種：感覺認識，理智認識，直覺認識。感覺認識爲感官認識。理智認識爲理智的認識。直覺認識爲人心的認識。人心的認識爲人心直接面對客體對象，直接看到客體，稱爲（Intuitio、Intuizione、Intuition）字面的意義是看進客體的體內，或「一眼看透」，「一眼看盡」。莊子曾經說不用耳聽，不用理智聽，而用氣體。氣是人的構成素，用氣聽，是說不用感官和理智的心，而用人的本體，即人的生命去認識。

直覺的特性，是深入客體內涵的意義，不祇認識外狀。直覺的認識乃是最正確的，直覺的特性又是全部的，不是局部的認識。

哲學家和美學家研究直覺時，對於直覺的官能，沒有穩定的共識。大家都說普通的感官不能直覺到美，也又不能說是理智，人的理智常活動爲推論的局部認識。有的學者主張人有另一種美感，我主張爲生命的「體驗」。

「體驗」一詞爲近代學者所用，首先用之於傳記文學，即由傳記主人翁的生活，去解釋他的事業。狄爾泰在他所著《體驗與詩》書中，正式使用於藝術，後來美術學者和哲學認識論學者繼續採用，使成爲普通術語。狄爾泰把體驗和生命連接起來，爲一種意義統一體。

「這點將表明這個意義統一體並未被稱之爲感覺或感知，有如在康德主義以及在恩斯特·馬赫（Ernst Mach 1838A.D.–1916A.D.）的實證主義認識論中那樣理所當然的稱呼的，狄爾泰把它稱之體驗；因爲狄爾泰就限制了由感覺原子構造知識的結構理想，並以一個更明確的所與物概念與之相對立。體驗統一體表現了所與物的眞實統一。所以某種限制機械論模式

的生命概念便在精神科學的認識論中出現了。」❻

「體驗這一種概念在胡塞爾的現象學中所具有的認識論功能也是同樣普遍的，在第五版《邏輯研究》中，現象學中的體驗明確地與通常的體驗概念區分了開來。……體驗概念在胡塞爾那裡成了以意向性爲本質特徵的各種意識行爲的一個萬象的稱呼。」❼

「每一個體驗都是由生活的延續性中產生，並且同時與其自身生命的體驗相聯，這不僅指體驗只有在它尚未完全進入自身生命意識的內在聯繫時，它作爲體驗仍是生動活潑的，而且也指體驗如何通過在生命意識整體中消溶而『被揚棄』的方式，根本地超越每一種人們以爲有的意義，由於體驗本身是存在於生命整體中，因此生命整體目前也存在於體驗之中。」❽

美感是直接體驗，體驗爲整體生命和一個充實而光輝的生命相聯繫，體驗主體和被體驗客體互相綜合，而成爲一體，實現意識統一的意義，體驗存在於生命整體中，生命整體目前也存在於體驗中。我在欣享「美」的時候，我整體的生命集中在「美」上，對於外界所加於我和加於「美」的事都不思索也不認知，朱光潛說「美」是孤立絕緣的意象；但同時又是物我兩忘。美感中起移情作用，物和我的存在溶合在感情中。

美感的物我兩方，不是朱光潛所說「我祇以一部分的自我—直覺的活動—對物，……物也祇以一部份—它的形相—對我。」而是兩方的整體生命相對而相聯。生命以外的意念，如價值，利益，不在其內；生命本身的意義，即生命發展自有的規範，則在其內。因此美與善的關係，若以善爲後天的倫理規範，美和善相脫離；若認善為生命發展的先天規範，則美必合於善。

美學者常說美和實際生活，兩者中間有距離。但是又有人說：美由遊戲而產生；或說：美由慾情昇華而來，都是不思考精神的美。

「在凝神觀照中，物我由兩忘而同一，於是我的情趣和物的姿態往復迴流。……移情作用說發源立普司。他的學說大都以幾何形體所生的錯覺爲根據。它的精華全在『空間美學』一部書裡。」❾

移情作用祇是外射作用，換句話說，凡是外射作用不盡是移情作用。移情作用和一般外射作用有什麼分別呢？第一、普通外射作用不能使物我兩忘而合一；第二、普通外射作用不常引起趣味。但是就是引起美感的外射作用，並不是和美感必在一起，美感中也沒有外射作用的。例如男人欣享美女，美女欣享帥男，用不著移情作用。至於弗洛伊德以慾情昇華解釋美感，則是他應用自己的慾情心理學的偏差，人的內心比慾情更廣更深。

2. 美術和遊戲的關係

現代許多作者，都予以討論。朱光潛在詳細討論以後，作結語說：「藝術和遊戲都是要在實際生活的緊迫中發生自由活動，都是爲著享受幻想世界的情趣和創造幻想世界的快慰，於是把意象加以客觀化，成爲具體的情境，這就是所謂『表現』。不過純粹的遊戲缺欠社會性，而藝術則有社會性，它的要務不僅在『表現』而尤其在『傳達』。這個新原素加入，於是把原來遊戲的很粗疏的幻想活動完全變過。原來祇是藉外物作符號，現在這種符號要有內在的價值；原來祇要有表現，現在這種表現還須具有美形式。我們可以說，藝術衝動是由遊戲衝動發展出來的，不過藝術的活動卻在遊戲的活動之上做過進一步的工夫。」[10]

最近學者的主張，以爲遊戲是自我表現。「人的遊戲是一種自然的過程，正是因爲人是自然，並且就人爲自然而言，人的遊戲意義才是一種純粹的自我表現。」[11]遊戲的主體不是遊戲者，而是遊戲本身，「遊戲的魅力，遊戲所表現的迷惑力，正在於遊戲超越遊戲者而成爲主宰。」[12]

「如果藝術不是一簇不斷更換著的體驗——其對象有如某個空洞形式一樣時時主觀地被注入意義——表現就必須被承認爲藝術作品本身存在的方式。這一點應由表現概念是從遊戲概念中推導出的這一事實作準備，因爲自我表現是遊戲的眞正本質。因此，並且因此，觀賞者不管其與遊戲者的一切間距而成爲遊戲的組成部份。」[13]

遊戲和美術有類似之處，從心理學去觀察，應與以肯定。不過，要說美和美術是從遊戲而來的，則過於勉強。遊戲和美術和美，它們的存在，都在於「表現」，但是「表現」的方式不同。「美」的表現與生命自體的表現，在「美」的表現中具有生命的整體。我們天主教信徒相信身後若能獲升天堂，必能完滿的幸福。因爲可以享見天主的美，天主的美的表現就是天主的本體。天主本體充實光輝，自己存在，並不需要有欣享者。人世間美術的美的存在方式，在於美術者在作品中表現了自己的整體生命，就是沒有欣享者，這件美術品仍舊是美。

遊戲說是自己存在的方式，超越遊戲者而自己存在，成爲遊戲的主宰，和美術品相似；然而遊戲而無遊戲者，遊戲並不存在，如同美術而無美術者，美術就不存在，祇是兩者不需要有觀享者，仍舊存在。

遊戲是人的遊戲，美術也是人的美術，都是由人的本能而發，不必一種由另一種而發。若說「美」和遊戲相類似，則是兩個觀念所包含的意義，都是一種單獨的意境，意境的內涵則各不相同，不可彼此混淆。

四、趣味

1. 趣味為生命充實發展的互應

美，是能引起愉快的客體，所以有美感，而美感又不是通常所說的快感，一個生命能夠充實發展，當然自己感到喜悅，同時面對另外一個充實發展的生命，也自然感到喜悅。這種喜悅在兩生命內互相應映，即是美的興趣。興趣在遊戲中也有，遊戲者對遊戲有興趣，是因遊戲引起他的興趣；遊戲又使觀看的人發生興趣，所以觀看競賽的人很多，不過美和遊戲的興趣感覺不同。

2. 趣味有共同性

康德曾經在《判斷力批判》裡說：眞正的共同感覺就是趣味。在康德以前，趣味概念是一種道德性概念，而不是審美性的概念，後來由士林哲學用之於美的精神實體。「好的趣味是這樣顯示自己的特徵的，即它知道使自己去迎合由時尙所代表的趣味，或者相反，它知道使時尙所要求的東西去迎合它自身的好趣味。因此趣味概念包含著：我們即使在時尙中也掌握尺度，不盲目跟隨時尙要求變化，而使用我們自己的判斷。」⓮

「另一方面，通過我們對概念史的簡短考察，這一點也夠清楚的，即一當問題涉及到審美判斷時，在趣味中不是個別的偏愛被斷定了，而是一種超經驗的規範被把握中，因此我們可以說：康德把美學建立在趣味判斷上順應了審美現象的兩個方面，即它的經驗的非普遍性和它對普遍性的先天要求。……按照康德的看法，在視爲美的對象中沒有什麼東西可以被認識，他只主張，主體的快感先天地與被視爲美的對象相符合，衆所周和，康德把這種快感建立在合目的性基礎上，對於我們的認識力來說，對象的表象一般都具有這種合目的性。」⓯

所謂合目的性，即是合於存有的本性，存有本性追求充實發展，凡是存有都具有這種追求，可以視爲存有的存在目的，達到這個目的，便自身覺得滿足，這就是趣味。

美有這種趣味，美感乃是這種趣味的互應；審美者欣享美，兩方的趣味互相感應，便有美感。

五、克羅采(Benedetto Croce)的美學

1. 藝術為直覺

西方學者討論美的人相當多，專門討論者，早一時期有黑格爾，當代有義大利的克羅采（1866A.D. 2. 25—1952A.D. 11. 26）。他是唯心主義者，他講歷史哲學，又講美學。朱光潛曾說「義大利美學家克羅齊最後起，他可以說是唯心派或形式派美學的集大成者，在現代一般美學家中，沒有一個比得他重要，無論是就影響或就實際貢獻說。」⑯

克羅采主張藝術即直覺，藝術作品祇是意象，直覺是個別事實的認知，理智認知是對共相的認知。直覺對個別事實的認知，不經過理智思索，但在他後半生，他卻又加入美的直覺中一個普遍性。這個普遍性是直覺活動為一種普遍精神活動，但不成為直覺的對象。「一個藝術家以其個人的悲歡喜樂表達對生命實有的熱愛，透過他個別的直覺活動，巧妙地牽動廣大觀衆相同的共鳴。所以，這種直覺活動具有普遍性，被稱之為「宇宙的直覺」。⑰

克羅采在直覺活動的普遍性，觸到了我的主張中的兩點：第一，美是生命的充實發展，第二，美感為感情的活動，克羅采以藝術的直覺活動具有普遍性，稱為「宇宙直覺」，這即是藝術的直覺為感情的直覺，感情為生命的活動。每個「存有」的喜悅自己生命的充實發展，所以藝術的直覺為生命直覺，乃有普遍性。

不過，我卻不同意藝術爲直覺，直覺祇是認知的方式，藝術美才是直覺認知的對象。而且直覺的分類頗多，克羅采自己也作了分別。感官的直覺，理智的直覺，禪宗見性的直覺，神視的直覺，都不是美的直覺。我所以祇主張直覺爲美感的必要管道，而不是藝術美的本身。克羅采爲唯心主義，便以藝術美爲直覺，祇在直覺者的心中，如同他講歷史哲學，以歷史是在研究歷史者的心中，研究歷史者想起歷史事蹟，事蹟才成歷史，否則是一堆的死資料磚頭。因此他也說藝術作品是意象。關於這一點，在下一章研究美術（藝術）時將予以討論。

2. 直覺為表現

克羅采又主張直覺就是表現，但是直覺應該是完整的直覺，才能是表現。這一點接近中國傳統所說「胸有成竹」。畫竹的人在動筆之先，胸中就有想畫的竹的意象；因爲畫竹是用簡單的線條和墨色的濃淡，全幅畫的意象可以清楚地顯現在胸中，若一幅複雜的山水畫，全幅畫的意象就只有輪廓大綱了。克羅采認爲藝術的直覺應該先見到藝術品的意象，既然見到就同時是表現。藝術的表現是藝術家和審美者所有的，這兩者所有都是在心靈上，藝術家看他自己的作品，是看自己心裡的意象，審美者所看的也是作者心中的意象，直覺便和表現合而爲一。這是唯心論的哲學。

克羅采認定藝術都是感情的表現，「他認爲藝術的直覺具有抒情的特徵。因爲作爲直覺活動所瞄準的對象都是情感方面的內容，如：感覺、感情、欲求、意志、傾向等等，在克羅

采看來都是同一件事，所以藝術都是情感的表現或心靈狀態的表現。而這些情感的表現必須具有統一性或一貫性。」⓲

我對這一點，贊成克羅采的主張；但是我的理由則以感情爲美感的根本，感情爲生命的活動。

另外一點，克羅采主張天生和趣味相同。他認爲審美的認知活動和藝術家創造美的活動是相同的，藝術家的活動是創造美，審美者的活動是再造美。這一點和上面所說直覺就是表現相關連。兩者都是以意象爲根據，直覺和表現都是意象，天才和趣味也都是意象，唯心論把它們連成一起。

六、自然美和美術美

宇宙間佈滿天生的美，我們的歷代詩人詞人，都親身體驗到宇宙的美，作爲詩詞，歌詠讚頌；這種天生的美稱爲自然美。黑格爾講美學卻認爲這種自然美不足稱爲美，價值是在藝術美之下。在西方美術史中將稍詳盡說明黑格爾的思想。

自然美是造物主所造的美，不是偶然拼湊而成，不是沒有目的。造物主天主創造宇宙萬物，先有創造的意念，又有整個宇宙的圖形。宇宙的整體是完美的，萬物的時空調協都是平衡和諧，每件物體的自體都是充實均勻，萬物的關係，互相連繫，結成一統。但是反對的人卻說自然美是冷靜的，是死呆的，須要有人體驗到，死冷的美才成為活的熱情的，才能成為美。這種評論都是無神論者的評論，有神論者（不是泛神論者）則說明宇宙萬物都反映造物主的眞、美、善，萬物自體也就是美。萬物實際存在，是實際的存有，不問有沒有人認識，如同現在有無數的星球，世人的望遠鏡還沒有發現它們，從人們的方面說他們不存在，從客體方面說它們好久以前就存在了。一旦，人們的望遠鏡看到了一顆星星，祇能說發現了，不能說創造了一顆星星。審美的人欣享了美，也是發現了美，不是創造了美，祇有藝術作者創造家，造物主天主就是自然美的創造者。造物主創造的萬物是活的萬物，自然美也就是活的，宇宙萬物互相聯繫，平衡和諧，複雜而統一，共有目標，具有美的要素，所以宇宙是美的，蘇軾在前赤壁賦說：「是造物者之未盡藏，而吾與子之所共識」，自然美常在，只待有識者去欣享。

美術美（藝術美）是人造之美，人造美須要有天才，要有靈感，要有表現的本領，所以藝術家不同凡響，也不是隨時隨地可有。美術家創造美術品，在心中先有意境，即所願作的美術品的胸中圖案，即成語所說「胸有成竹」，竹所有圖案在胸中，由美術家的天才和靈感而結成，靈感和天才所用的資料，來自美術家所有經驗的印象；這些印象或是從觀察自然美景或是從體驗人事而來。我不主張美術是模倣或抄襲自然美，但是自然美供給美術美資料，這是不能否認的。也不能說自然美所供給的資料，祇是片片的磚瓦，沒有生氣。中國歷代的山水畫家常常去遊覽雄偉和明媚的山水，使胸中多有美麗山水的印象。美術美和自然美不可決裂。

七、生命哲學的美學特徵

1. 美是活動

普通講論美學的人，都不注意這個問題；黑格爾根據他的正反合邏輯法主張美術使物質宇宙反回絕對的精神，和宗教信仰以及哲學的精神效用一樣。然而黑格爾亦沒有說明美是活動的。

由生命哲學講「美」，「美」是生命的充實發展，「美」便是動的，不是靜止的。這一點在中國美學中是很顯明的，因爲審美的原則，常以「美」有生氣，自然的美有生氣，美術品無論是繪畫或雕塑，都要有生氣，一篇文學作品也該有生氣。韓愈的文章，氣勢剛強；蘇軾的文章，活潑流通；孟子的文章有他的浩然之氣。八股文不能成文藝之美，就是因爲通篇呆版。中國藝術中最高者爲神品，神品裡的生氣化而不可測。

神品不可模倣，模倣的藝術品祇能有外形的顏色線條的美，不能有內部的生命，因爲模倣者沒有所模倣藝品的創造者的靈感，不能給予模倣品那原品所有生氣。若是模倣者給予模倣品一種生氣，模倣品自身成了藝術品，和原品必有分別。至於現代所有幾何線條拼成的作品，很難有內部的生氣；還有所謂表現作者的理性觀念的藝術品也很難有內部的生氣。「美」是屬於情感的，沒有情感的作品，決定不會有生氣，也就不是「美」。

2. 幸福的觀照（Beata Visio）

天主教信仰人在完結現世生命後，心靈沒有罪愆，則升天堂，永遠面見天主，得享「幸福的觀照」。「幸福的觀照」是欣賞天主本體的眞美善，簡單地說就是觀賞天主的美。天主的美是本體的美，不是形相的美，是絕對完滿的美，足以滿足人的心願。

聖多瑪斯在《神學大全》（Summa Theologica）第一部份的第二卷（Ia 2ae）論人的幸福（Beatitudo）談到「幸福的觀照」。「幸福的觀照」爲面見天主的本性，看到宇宙各種事物的最終原因，屬於理性的工作，兼有意志的快樂。⑲

「幸福的觀照」，面對天主的本性，應該懂得天主的眞美善，雖然不能全懂，然要懂得所面見的。但不全是理性的認知工作，而是人心整體對著天主本體眞美善的觀照，整體所有希望都得滿足，整體獲得愉快，人的生命，達到了自己的根源，從根源裡取得生命的熱流，人的生命溶成了永遠無限的生命，「幸福的觀照」變成了人的永遠幸福，在幸福的觀照裡，天主本性的眞和善，乃是已成的事實，對人心沒有一點隱蔽，也沒有再可追求之點，人的理智對著絕對的眞善，祇有敬佩。天主本體的美，也是完全確定，不能有所增減；但是天主本體是生命，繼續內動，生命的表現也就動，天主的美便是動的，人心對著繼續內動的美，便有似乎欣賞繼續創造的趣味，愉快的心情常是新的，永遠不會有喜新厭舊的狀況。

聖多瑪斯以「幸福的觀照」屬於理智的行動，同時也是屬於意志的行動，因直覺要有理智的認知，又有愉快心境。「幸福的觀照」爲直覺，直覺的對象須由理智認知，然而理智的認知並不能引起美的趣味而生愉快，美的趣味是直覺的對象爲生命的充實而又光輝地表現，符應人心對生命充實的追求，兩方互應，人心油然而樂，聖多瑪斯所以說「幸福觀照」同時屬於意志的行動，意志的行動也就是情感的行動。通常西方哲學常以情感爲情慾（Passiones），中國理學家也有這種看法，故以惡的來源是情感。在聖多瑪斯的所謂屬於意志的行動，包涵著情感的行動。美是屬於感情的。情感有精神的和物質的，宇宙物質的情感是物質的，表現在神經系統，可以用科學方法去實驗；但是人的情感又有精神的，例如我們的喜怒哀樂祇隱現在心靈裡，絕對不現於形色。情爲意志動之所趨，情不是意志，但和意志相連。聖多瑪斯以「幸福的觀照」屬於理智的行動，也屬於意志的行動；有理智認知，有意志滿足。然而觀照的愉快，則是情。

註　釋

❶ 朱光潛，文藝心理學，開明書局，民廿五年初版，頁七一。
❷ 同上，頁七二—七三。

❸ 同上，頁七六。
❹ 同上，頁七七。
❺ 同上，頁七八。
❻ 漢斯·格奧爾格·加達默爾，詮釋學一，眞理與方法，洪漢鼎譯，時報文化出版社，一九九六年，頁一〇一。
❼ 同上，頁一〇二。
❽ 同上，頁一〇七。
❾ 朱光潛，文藝心理學，頁四三。
❿ 同上，頁一九五。
⓮ 加達默爾，眞理與方法(一)，頁一五四。
⓬ 同上，頁一五六。
⓭ 同上，頁一六九。
⓮ 同上，頁五八。
⓯ 同上，頁六七。
⓰ 朱光潛，文藝心理學。
⓱ 尤煌傑，克羅采美學思想研究（博士論文），輔仁大學，民七八年，頁一一五。
⓲ 同上，頁一二二。
⓳ 參考S. Thomas. Summa Theologica. Ia2ae, q.3.4.5.

第二章 美術

一、美術

美術，通常稱爲藝術，藝術包括技術，含義較比美術寬。美術，在普通美學上，代表美，因爲不以自然美爲美，則美祇有人功美的美術。

美術，是美術家以有形的形相，表達自心的意象，引起美感。美術是美術家的作品，是人的作品，具有理性的根基。鳥的好歌聲，不是美術；蜜蜂的窩，不是美術。美術是有意識的，是有目的。美術家創作美術，表現自己生命的發達；生命的發達在一種特殊的情景中，表露一種特殊的意義。每一件美術品，祇屬於美術家自己一個人，祇表露美術家本人的心靈。欣享美術品的人，直覺體驗到美術家的心靈，心有同感，感到興趣。

複制品不是美術，模仿品不是美術，因爲祇複寫了原品的技術。美術應是創造，爲獨特的；它的原案是美術家心中的意境。美術家在一刻中，心靈發生一種感受，感到自己生命在那一刻的活動，有喜有悲，有愛有恨。那種感受是自己的生命，不是僞造，即是通常所說：

眞情流露。胡適主張白話文時，責罵古文中許多祇疊文語而沒有實情，流淚而沒有悲哀，張口笑而沒有喜樂，他主張用白話文實事實說。實事實說是對的，古文和白話一樣，都可以做到。美術家必定要所表露的實在是所感受的，所表露的也必引起欣享者的興趣。美術家所以要有天才，能夠遇事有感受，感受構成美的意境，又能以美的形相表達出來。

美術家不多有，不常有，不是遺傳，不是山水清雅的產品。歷代的文人大家，詩詞名哲，繪畫神筆，乃是天生偉奇之才。歷代美術佳品，代表國家民族的文化。美術品的本質屬於美術家個人，本質引起的情感屬於大衆。因爲本質是生命，引起的情感則屬於生命的活動。生命的活動在社會的環境中活動，受環境的影響，生命的活動便有民族性、地域性、時間性，然而人性相同，美術品所引發的美感因而不受時空的限制。

美術家在創造作品時，要用物質的材料；這些美術材料構成各種的藝術。美術家使用材料時，第一，有物質性的技術；例如繪畫有用筆和用顏料的技術，例如雕刻有使用木頭和石頭的技術。第二，有心靈的的生動。中國古代對於繪畫美術規有「方法」，對於一切美術都講道、氣。道爲美術的本質，即是人心體認天地的精神，美術家用物質的形相把這種精神呈現出來。氣，中國哲學認爲是天地萬物的構成原素，人的生活爲氣的運行，美術品中有氣即是有生氣，呈現活的形相。方法，爲六朝謝赫所擬，後來張彥遠對於意義加以整頓。方法：一，氣韻生動；二，骨法用筆；三，應物象形；四，隨類賦彩；五，經營位置；六，傳移模寫。❶

這方法的第一法，氣韻生動，和「道」「氣」相關，爲中國各類美術的普通原則，即美術品必要有生氣，不單美術品就連自然美也要有生氣，這點和我所主張「美」是生命充實的發展可以相通。

美術家創造美術，是表現自己生命在一特殊意境中的發展，是表現自己生命的深處。美術的重要點便在表達生命發展的技巧，這種技巧稱爲天才。

美術家都是天才人，有敏捷的感觸，有濃厚的感情，有表達的技巧，有超越物質世界的胸襟，也應有高尚的人格。他們所創造的美術，引發審美者生命上的互應，吸引審美者的精神向上。美術所以有教化作用。

二、美術家

1. 靈感

美術的中心在於美術家，美術表露美術家的生命：他的人格，他的嗜好，他的人生觀，他的天才。李白的詩表露李白整個的人，同樣杜甫的詩表露整個的杜甫，八大山人的畫表露八大山人；我們不會有錯覺。美術家創造美術時是用他生命的一時特殊感觸。這種感觸不單是情感的感觸，而是整個的心靈，是在心靈的深處。不是潛意識的突顯，不是夢境的幻覺，不是慾情的昇發，大家認爲是特殊的感觸，稱它爲「靈感」。

「靈感」在近代的學者眼中，「大半是由於在潛意識中所醞釀成的東西猛然湧現於意識。」❷「在靈感中潛意識所醞釀成的意象湧現於意識中，而意識仍舊存在。……佛洛伊德派學者的『壓抑說』和法國變態心理學者的『分裂說』都各有難點。不過有兩點我們是可以斷定的。第一，潛意識的活動大半仍依聯想作用。在潛意識中聯想不受意識和理智的節制，活動較自由。……第二，在潛意識中，情感的支配力較在意識中大。」❸

研究心理學的人，把美術家看成神經不正常的人，神經分裂，似乎瘋癲。或看爲潛意識和意識混亂不清，白天作夢的人。這些學人和古代迷信人一樣，古代迷信人以爲靈感爲神明附身，這些學人以靈感爲神經亂錯，兩者都是錯誤。通常以靈感爲神秘，爲高尚特出，故能創作美術；通常也沒有人敢說李白杜甫等大詩人，爲神經不正常的人。也沒有尋常的人會說韓愈、蘇軾等唐宋大家作文，是因潛意識的突現。就是這輩心理學者對於「潛意識的活動是否與意識的活動相同，想像的進行在潛意識中和在意識中是否遵照同一原理。」❹他們都不能有明決的意見。

「靈感」，是美術家的一種事物或意念符合生命的特殊發展，心靈敏捷地引起互應，進而展現美麗的意境。「靈感」包含敏捷的心靈反應，一種符合生命特殊發現的事物或意念，展現美麗的意境。簡單地說，就是敏感、外物、意象。「靈感」的敏感是天所賦予，爲美術家天生的特質。敏感的對象是符合生命特殊發展的事物或意念，不是通常情感的感觸。這種事物或意念是偶然的，突發性的，有震動性的。敏感有理性的認知，以情感的直接接觸爲主，敏感直接接觸了突發的事物或意念，立時激起心靈的回應，心靈立即呈現相合的意象，意象要是美的，美術家乃以物質工具表達。「靈感」的敏感不是由潛意識而來，不是由精神分裂或慾情昇華而生，乃是天生的心靈的特質。

2. 天才

「天才」，美術家是天才，「天才」是天賦的特殊技能，靈感也是天賦特質，在靈感中有天才的一部份，即是因心靈感應立即構成美麗的意象。但天才的重要部份，則在於美麗地表達心靈的意境。詩人的天才在寫詩，畫家的天才在作畫，雕刻家的天才在雕刻，音樂家的天才在作曲。

「天才」所以稱爲天才，因和普通的才能不同。第一，使用工具非常靈妙；李白寫詩、用字、綴句，神妙莫測。第二，佈局完整平衡；古詩有絕句、律詩、普通詩，詩家作詩必能就每個詩的格式佈局。第三，表達心靈的感受，不是空洞無物，即普通所說：「無病呻吟」。第四，氣韻生動，全部有生氣；李白的詩常是活的，活像本人。第五，不矯情造作，情景自然。我們欣享彌格安琪洛的聖母抱耶穌遺體雕像，驚訝雕工的精細，表情的自然，情境的高尙；雕像表達美術雕刻家的深刻宗教信仰，和對母愛的崇敬，使欣享者對聖母深有同感而愛慕。我們欣享彌格安琪洛的最後審判圖，全圖佔滿一道牆壁，審判者耶穌基督的威嚴，圖上百餘人各自的表情，位置的佈局，顏色的適調，統一在一個情境中，表達終審判的恐怖，欣享者油然而生恐懼。

近代學者對於「天才」只說是天生，認爲不脫離古代的迷信神明，他們要研究「天才」的成因，有的說是遺傳，有的說是自然環境。曹操父子和蘇洵父子的文學天才，可說是遺傳的，山明水秀的地方，偉大歷史的時代，不僅產生美女和英雄，也產生美術家。但是這兩方面的理由，既不準確，又不常能用。通常現在作名人傳記，必上追至他們的五代祖宗，又大爲煊染他們生長和時代的特點。若傳寫政治名人，這種寫法若許有幾分理由，若寫美術家，以爲他們的天才是祖宗遺傳或人傑地靈的產物，則爲錯誤。遺傳的影響是關於人的身體；體質面貌，神經系統，心理感受都可以受遺傳的影響。但是「天才」爲心靈的特長，即是靈魂的特質，靈魂不出自父母，便不能受遺傳的影響。靈魂爲造物主所造，士林哲學的心理學就有這項課題，「天才」便也是造物主所賦。無信仰者指責這是迷信，但是遺傳說和環境說也不受無信仰者所接受。❺遺傳對於「天才」，在「天才」的運用上可以有影響，因爲神經系統和心理系統和「天才」的運用有關連。同樣環境說也爲天才的運用有關。

「天才概念相應於康德在審美趣味上視爲決定性的東西，也就是相應於感受力的輕快活動，生命情感的飛躍，而這些東西都是產生於想像力和理解力的相互協調，並停滯於美的出現。天才完全就是富有生氣的精神的一種表現方式」。❻

「但是，康德的根本願望——給美學設立一個自主的，撤脫概念尺度的基礎，不是根本提出藝術領域內的眞理問題，而是在生命情感的主張先天性上建立審美判斷，建立我們的能力與構成趣味和天才的共同本質的『一般認識』的和諧，迎合第十九世紀的非理性主義和天才崇拜。尤其費希特把天才和天才創造的立足點提升爲一個普遍的先驗立足點之後，康德關於審美愉悅內的『增強生命情感』的學說，促使天才概念發展成爲一個包羅萬象的生命概念。」❼

加達默爾談美和美術，是從認識論方面去談，所論及的康德，費希特，胡塞爾的主張，也都是在認識論裡面，創立審美判斷的原則。所謂先驗原素即是先天條件，康德純理性判斷以天生範疇爲先天原素，爲審美判斷，以趣味和天才爲先天原素，天才爲先天性的，趣味的基礎也爲先天性的，這雖是認識論上的問題，但天才爲先天性，則是天賦的，趣味內具有生命情感，這兩點則是美術本身的問題。

3. 表 達

美術本身可以說是表達。克羅采曾主張美爲直覺，直覺爲表現；但表達雖可以爲美術本身，然不能說美術就是表達；因爲在表達以前，應該有靈感的心靈意境。

表達或稱表現，是美術家資用物質資料，表達出心靈的意境，以創造一種美術品。物質的資料，可以是筆墨和顏料，可以是石頭或樹木，可以是銅器或陶瓷，可以是磚瓦和水泥，可以是音符和樂器所作成的成品成爲各類的美術：繪畫、陶瓷、銅器、雕刻、建築、音樂。各類美術隨著資料的不同，各有各類的技術方法，天才則在運用各種技術方法時，能夠靈活，能夠造成美妙形相，能夠充實表達自心的意境和生動的情感。繪畫可以這樣，雕刻也能這樣，銅器陶器也要這樣，甚至建築也要這樣。每種美術品爲天才的創作品，都表現每位美術家的特點。但在天才的表現上，美術家的美術思想常有領導的位置。美術家的思想則有時空的限制，因此每一時代每一地區，可以盛行一種或多種思想，美術家的思想通常都隨著時勢。近代歐美就盛行多元的美術思想：寫實主義、印象主義、快樂主義、表現主義、超越主義、結構主義。美術思想引導美術家創造美術形象，運用表現的方式。

表現主義（Expressionism）主張美術表現美術家的自我，自我的感情，自我的意境。美術家創造美術時祇有他自己。

寫實主義（Realism）主張美術模仿外面實體，歐洲文藝復興期畫家與雕刻家遠承希臘的人體美，專心寫實，彌格安琪洛和拉法厄爾都是此派的大畫家和雕刻家。

印象主義（Impressionism）主張美術家寫外面事物，常具有主觀色彩，美術家作業時是按當時自己的心境去看事物，寫作的對象常蒙有一層細微的霧。歐美十八、十九世紀盛行這種思想。

快樂主義在希臘古代已有這派學說，而說美術是引起人的快感也是古老的學說。近代學者則爲避免美術過於俗化，過於色情化，主張美術所引起的快樂和普通所謂的快樂不同。這種快樂主義也常包括浪漫主義，在小說和詩詞中很爲流行。

超越主義（Transcendentalism）主張美術家的表達，超越現實，不限制在現實以內。他所表達的不可以限於理解，即超越理解。佛教的禪宗不立文字，以心傳心，禪悟和公案都是不能理解的。超越主義的美術引人走入超越世界，因此審美者不能以理智去審視，祇能用心去體驗。當代西方美術的新新作品多屬於這一派，常引不起快感。

結構主義（Structuralim）主張的美是它的形式結構。美術不是感情，不是寫事，不是表達，是它自己。一首詩不表達作者的感情，不表現作者的意境，不描寫事物，一首詩就是詩。一首詩自己是些文字結成的，它的美是文字結構的美。一幅油畫是一塊布塗上顏料，它的美就是顏料和布的結構。這種說法非常抽象，所說結構不是藝術原料的物質結構，而是作者自心所想的結構，美術不是表達作者心靈的意境，而是象徵作者的一個觀念；美術脫出了感情，進入了理智的門檻。

生命哲學美學贊成中國傳統裡的寫實和寫意；傳統的寫實也不是純粹抄襲自然物，常加有作者的主觀看法，范仲淹的〈岳陽樓記〉，雖實寫岳陽樓的春冬景色，但是夾有濃厚的主觀感情。杜甫的懷家繫念弟弟的詩，實寫各種景物，表達自心的心境。中國傳統的寫意，特別運用在繪畫上，畫中的人物雖和實在的人物，形狀相差頗遠，然而人物的本質仍然在，一見即可認出。中國傳統的寫實和寫意，和西洋的現實、印象、表現各種思想，都保持美術和生命關連的思想，美術是表達作者的生命，代表生命在個別情境中的充實發展，快樂主義雖情調低，然也是表達作者的生命情趣，至於超越主義和結構主義，以美術為象徵，象徵作者一種思想，美術品成爲一種符號，則遠離了美術的原本意義。

三、創作

1. 模倣

美術品的美，不在於美術品的材質，土木鐵石金玉都可作美術的材料，美術品的美是在「構形」；有些材料也可以增加美術美，例如雕刻的石頭，陶瓷的瓷土。美術的「構形」，由美術家創作。可是我們人不如造物主天主，一切從無中造出，人們創作先在心靈中有一意境。意境的構成，美術家運用自己所有的形象，美術家的印象首先來自宇宙自然界，花草鳥獸之美，山水樹林之美，鳥聲蟲聲之美，人身之美，美術家運用這些印象，予以分析綜合，構成意境，然後用物質材料，造成特有的「構形」。美術家所以離不了自然美。這種運用自然界的印象不是模仿，而是創作；創作不是創造質料，是創造形相，形相成爲「構形」，由美術家自己所造。

模仿則是仿效自然界的一樁事物，依照事物所有形相，照樣作成「構形」，有如照相機攝取人物的形相，絲毫不變，照相機攝取人物的形相，越能清楚地表現原形越好，因爲它的功能就在攝取原形，美術作者創作美術品是爲表達自己感情的一時特殊感受，生命得到充實的發展。模仿借用別人或別物的形相，和自己的感受無關。目前有所謂藝術攝影，攝影者按照自己所有心中意象，分析綜合外面的影像，而構成一種形相，表達自己的感受。

模仿畫人像，依照被畫人的形相去畫，就如一張照片，決定不能稱爲美術創作。中外美術人像都由畫家從自己觀察點去畫，栩栩如生，卻不是照像。彌格安琪洛的裸體人物畫和裸體雕刻，美術之美非常高，因他的「構形」非常生動。

繪畫和雕刻，或是有指定的對象，或是沒有一定的對象，而是某類物件的代表，爲指定的對象作畫或雕刻，所畫或所雕的形相和本人或原物的形相要相同，例如梵蒂岡宮內常懸掛當今教宗的像，畫像必相同於教宗，又如羅瑪波爾格色博物館著名的拿破崙妹妹的側身躺臥雕刻石像，就像她本人。韓幹或郎世寧爲皇帝畫馬，畫上的馬和眞馬相同。若本人已經去世很久，沒有留下照片，美術家便憑自己的想像去畫或刻，但總要和本人可以相似，例如歷代所繪耶穌和聖母瑪利亞的畫像，性別和年齡要分明。至於西洋油畫的人像，畫家也常用Model模特兒。這些畫家都不是模仿，而是創作。因爲美術品中的形相，經過美術家想像的潤澤，所有的「構形」較比原形更光澤、更活動、更吸引人。因此模仿不是指著運用外界形相，而是指著抄襲外界形相；運用和抄襲有分別，抄襲是呆板地照像複製，如同照像；運用則是運用資料作成本人的作品。美術不能模仿外形，但能運用外形。

我國明清時代，山水畫盛行模仿宋元畫家，模仿的範圍在於模仿畫法，則不完全妨礙畫品的美；但若模仿前人的畫，畫一幅同樣的畫，則祇是複製品，而非美術品。近代美術家往敦煌石窟，模仿石壁佛畫，因爲兩者，即原畫和模仿畫性質不同，可以有美術價值。

「王履同時反對因襲模仿，提倡師法大自然，提倡創新。……僅僅以古人的筆墨爲依據，必然是形神俱失。……王履在〈重爲華山圖序〉的最後，歸納自己的創作方法爲『吾師心，心師目，目師華山。』繼承了古代繪畫『外師造化，中得心源』的現實主義精神。」❽

2. 意境・構形

甲、主題

美術家因靈感而有一項特殊感受，心中便有一意境，顯示感受的情狀。美術家作成意境時，運用自己的天才，使意境美麗。第一，意境須有一重點，即是感受的主題；例如王維的五言律詩：「寒山轉蒼翠，秋水日潺湲，倚杖柴門外，臨風聽暮蟬；渡頭餘落日，墟里上孤煙。復値接輿醉，狂歌五柳前。」這首詩看來爲寫景詩，把各項景物平行述出，各不相關。實際上王維心中有他當時的感觸重點，就是幽閒遇秋寒的冷清。又如杜甫的五言律詩：「戍鼓斷行人，邊秋一雁聲，露從今夜白，月是故鄉明。有弟皆分散，無家問死生，寄書上不達，況乃未收兵。」標題是月夜憶舍弟。詩文有主題，大家都明白；但畫風景畫，人物雕刻怎麼須要主題，大家就不清楚了。可是美術家一定要有主題以作「構形」，例如彌格安琪洛所雕聖母抱耶穌遺體像，他有主題：「聖母悲痛自己兒子又天主子耶穌」，在這主題下，聖母形象年輕，面貌沉痛而安寧，不像普通老母哭子，面容抽屈。美術家的天才越高，作美術品的主題越明顯。

乙、統一

主題在美術品中第一構成「構形」的一統，美術品不能是零亂無章，各份子要結成一貫。一篇好的文章，思想要貫通，文筆要連接，雖有起承轉合的作法，文章必要氣運連貫到底。彌格安琪洛的聖母抱耶穌遺體石雕，天主子的表情，貫徹到整座石像，耶穌遺體非常安祥，沒有凶死的慘狀。我們的風景畫，山水峰巒互相連貫，不能互相脫離。

「南宗畫以自娛爲目的，以抒情爲手段，以柔潤爲形式，以不爲人服務爲取向。北宗則與之相反，換句話說，南宗禪把人類一切活動都看作尋求解脫的『妙道』，……導致後期文人畫放棄了控制外部世界的理性意志，而自足於個體世界的心靈完善。董其昌崇尚……與他所倡導的南宗美學觀念完全一致。」[9]

讀了上段的話，又欣享了董其昌的畫，我們明白畫家有他作畫的目的，目的是寫心靈的感受，有重點，有統一，有全圖的和諧。所以「構形」以主題爲中心，連繫整體作品，而在用筆，用墨，用色，用斧鑿，都互相調協。

丙、圓潤

「構形」的整體要表現整體的精神，好似一個人間團體，要表現一個整體，而不是各一爲政；美術品每一幅要是表現是一幅畫，另外是廣大的多幅連續畫，不能有一兩處表出獨出的形式，和全體的形式不相合。爲能表現合一，則應有各方面的調協。

圓潤由調協而成。調協的第一步爲設置，一項美術品內的各部份要在適當的位置。山水畫的空間處理，須多費心思；尤其禪意畫的筆墨少，空間大，位置失當，便失去禪意。雕刻美術也有位置問題，身體各部份位置，都應調協。

調協的第二步爲著色。一幅著色畫，色澤的濃淡；一幅水墨畫的墨色，和筆力的粗細，都應該調協。但是調協不是全幅色澤要完全一樣，祇是按全幅畫的格調去分配，而分配得恰如其當。例如八大山人的畫，墨色很濃，筆力很勁，筆畫很少。石濤的畫則分濃淡的墨色，筆墨可多。但都是全幅畫調協得宜。

我們傳統的畫法，非常注重「氣韻生動」；氣韻生動的「構形」則是圓融。圓融的術語來自佛教；佛教華嚴宗的「摩訶止觀」主張理爲一，事爲多，一入多，多入一，多入多，一切平等互不分。我說美術「構形」不是這種主張，而是「構形」的全體沒有死角，沒有破格的獨夫。例如一曲樂調，聲調互相融合，假使曲中有一個走調的聲音，就破壞全曲的樂調。對於繪畫，雕刻，建築等等美術，同樣不能有失調的份子。例如：我們看到一盆美好的蘭花，花朵和蘭葉，互相均勻，花色和葉色，互相呼應，整盆花發出色香，好似一個微笑的嬰孩，平靜活潑，生氣迎人。

圓融在中國山水畫尤其重要。中國山水畫的山和水非常多。「畫面經常或山巒重疊，樹木繁複；或境地寬遠，視野開闊；或鋪天蓋地，豐盛錯綜；或一望無際，邈遠遼濶；或『巨嶂高壁，多多益壯』，或『溪橋漁浦，洲渚掩映』。這種基本塞滿畫面的、客觀的、全景整體性地描繪自然，使北宋山水畫含有一種深厚的意味，給予人們的審美感受寬泛、豐滿而不確定。」❿在這種塞滿畫面的峯巒樹木，圓融合一而不錯亂，使人起美感。

3. 氣韻生動

六朝謝赫作繪畫六法，第一法便是「氣韻生動」。這法分合上下兩點：氣韻和生動。

我們的傳統哲學，自莊子、孟子以後，都以氣爲世界萬物的構成素，人也是由氣而成。人動，由氣而動，所以講氣力，氣質。莊子講保養元氣，孟子講浩然之氣。美術品中的客體對象，是世界的人物，美術便要顯示人物的氣；氣爲人物生存的活力，使每件物體成爲一件物體，又使每件物體的各部份圓融地相結合。我們傳統的美術構形以線條爲主幹，線條的美在於有勁力或有輕柔，這在我們的書法上表現很明顯，而在墨竹畫中更顯神妙。中國字有筆畫有字形，筆畫常顯有力，字形常顯圓融，字成爲美術，就是有氣韻。米芾的行草，顏眞卿的正楷，筆法和字形各不相同；但是兩人的字：米字是氣行神妙，顏字是氣聚端正威嚴，兩者都有氣韻。一個人的品格也應有氣，胸襟要廣，志向要高，一舉一動都不亘不亂。

這樣，「氣韻生動，這一產于六朝，本是人物畫的審美標準，便推廣和轉移到山水畫領

域來了。它獲得了新的內容和含義，終於成爲整個中國畫的美學特色：不滿足于追求事物的

外在模擬和形似，而要盡力表達出某種內在風神，而這種風神又要求建立在對自然景色、對象的眞實而又概括的觀察、把握和描繪的基礎之上。」⓫

明清畫院的畫常是呆板，清朝郎世寧則以中西合璧方式創作一種新格式，畫中的馬和狗以及人像，氣韻盎然。他的百馬圖在佈局上很費了一番心思，大小遠近，運用西洋立體透視法，全幅畫的馬和背景、樹木、流水，都很適調。燉煌石窟的佛畫，以佛法爲主題，千百大小佛像莊嚴，梵女妖嫣，都能互相配合，由作者自出心裁。西洋石雕人像，模擬人體之美，全像各部調協，氣韻生動。彌格安琪洛的聖母抱耶穌遺體石像，全像似有一層光輝，處處恰當。至於彌格安琪洛的最終審判圖，繪在西斯篤小聖殿的正面牆上，成百的人像，以基督爲中心，表示審判的威嚴驚心。美術家的天才，特別顯現在佈局調協。「所以，一方面是強調氣韻，以之作爲首要的美學準則；另一方面又要求對自然景象作大量詳盡的觀察和對畫面構圖作細緻嚴謹的安排。山如何，水如何，遠看如何，近看如何，春夏秋冬如何，陰晴寒暑如何，……非常重視自然景色隨著氣節、時間、地區、位置、關係的不同而有不同，要求畫家精細準確地去觀察、把握和描繪。但是，雖求精細準確，又仍然具有較大的靈活性。……這構成中國山水畫一大特徵。」⓬

氣韻便是美術家給予美術品的美格，一朵美麗的玫瑰花，鮮艷安祥，看賞者戰戰地不敢用手指去摸觸，恐怕傷損了花的光澤，同樣一件美麗的美術品也有它的光澤，光澤就是氣韻。

我們的古代傳統以萬物由氣而成，氣常動，所以一切物體都是生物。《易經》講論宇宙的變易，主張陰陽二氣構成物體，陰陽互相分合，陽剛陰柔，陰陽相推引起變化，變化繼續不停，乃生萬物。中國歷代學者看每件物體都有生命，都有發育。對於美術要求務必要有生氣。畫人像當然要有生氣，畫多數人必要人人都生動。石雕人像也須有生命的表現，銅塑人像也是一樣。山水畫的生氣在氣韻中表顯；既然自然界山水樹木都是活的，就在冬季樹木凋零時仍是活，山水畫便要顯出自然界的活氣，畫中乃有生氣。這是中國哲學所謂靜中有動，動中有靜。《易經》說明天地間的神妙，人不能測。美術中的「氣韻生動」，即是表示「美」是生命的充實發展。

當代歐美有一派美學以客體的人物，隨時變動，美術要實際具體地表現人物的變動，一個人在隱沒中就有多數的頭或多數的身體，就像一張因攝影機動了，影像亂動模糊不清。這種物質的笨動，不是美學的神妙，靜中有動。神妙的「氣韻生動」爲天才的創作，不可模倣，不可教習，祇能「以心傳心」。

四、審　美

1. 認　知

近代西歐哲學家討論美，多由認識論討論美感，以美感爲認知的問題。從此產生一些問題不在美學範圍內，康德、黑格爾、胡塞爾、德國觀念論、克羅采表現論，都根據他們的認識論學理，討論美感。我在第一章已經詳細討論，現在祇就審美者對美的認知再說幾句。

審美者的美感，是對美的認知和對美術的評判。認知和評斷爲兩會事；認知美的認知爲直覺，評判美術的評判爲理智的工作。

審美的認知是直覺到美，審美者心靈的情，直覺感到一項生命的充實發展，符合他的生命發展，相應而發生興趣。不用思索，不用回想，一見就有興趣，好似男女一見鐘情。興趣的基礎，是生命發展的充實之追求，追求表示在美內；同時每件生物都有這種追求，但不能常表示出而成美。對著美，有理性的人就能直覺認知，因爲既是認知，知必要有理智爲基礎。以理性爲基礎的知去認知美，不是使用理智，是運用人心的情。人心本是有理性的心，運用人心當然就有理智；醉酒不醒，睡夢不醒，就不能審美。

認知美，有主體客體，但主體和客體之間沒有分界，主客相融爲一。然而又不是克羅采所說，客體之美在審美者的心中，因爲客體之美須重現在審美者的心中才眞眞有，就克氏的歷史哲學以史事要重現在研究中的心中，才有史事，這是克氏的唯心主義。

美的認知，在於兩方的生命充實發展，互相符應，審美者乃感覺美在自己心中。

2. 物我圓融

學者多以爲這種美在自己心中，爲「移情」作用。情是人所有的，外面事物有時突然引起人的一種情，或喜或怨，或愛或恨，這是人把自己的情，移到物內。

「在凝神觀照時，我們心中除開所觀照的對象，別無所有，於是在不知不覺之中，由物我兩忘進而物我同一的境界。……這種物我同一的現象就是近代德國美學家所討論最劇烈的『移情作用』。……並且把移情作用說的倡導者立普司（Lipps）稱爲美學上的達爾文。」[13]

移情說認爲美術家把自己的感情投射外間的事物。例如李白五言律詩《送友人》詩中：「浮雲遊子意，落日故人情。」杜甫五言律詩《春望》詩中：「感時花濺淚，恨別鳥驚心。」另一方面，外物引起詩人的感情。司空曙五言律詩《喜外弟盧綸見宿》詩中：「雨中黃葉樹，燈下白頭人。」崔塗五言律詩《除夜有懷》詩中：「亂山殘雪夜，孤獨異鄉人」。在詩詞散文中，多有這種例子。

由生命哲學美學去看，這種物我同情狀況不是移情作用，而是物我圓融，生命相合。移情作用是心理學者解釋，物我同情，究其實並不能解釋，因爲把人的情感移到物上，沒有所謂投射作用，就算人的情感投射到物上，物也不能接受。「感時花濺淚」，花不能濺淚，杜甫自己想像花濺淚。「亂山殘雪夜，孤獨異鄉人」引發詩人除夕離家的感傷，是詩人想像這種淒涼夜景，引發除夕的感傷。所以都是詩人想像的動作。然而，爲什麼外物能引起人的感情，這在日常生活中常有的事。看見子女在母親靈前悲哭，不免也暗中落淚。看見嬰孩開口笑，自己也對他笑。普通我們說這是「同情」。「同情」是說同是人，感情相同，感情互應。歸根就要歸到生命上，情感爲生命的活動，所以能互應。美術家想像物體能有「同情」，不是物體能有感情，而是美術家面對物體時，想像已把物體引在心內，和主體合而爲一，分享主體的感情；美術家便可以使外界物體有感情。這不是移情投射，是主客圓融。

審美或欣享美的人，對美的認知是直覺，直覺不由一種特有的感官，乃是生命對充實發展的追求，主客互相呼應引起興趣。這是生命中的一種神秘，不能用心理科學去分析。對著我們古代的美麗山水畫，對著歐洲的美麗石雕像，我們心中的喜悅，喜悅的平靜，心靈的滿足，不能言傳。

審美的評判，爲理智的工作。評判者須守評美的原則，不要研究美術家的心理情態、時地的環境。欣享美和評審美是兩不相同的事。

3. 精神的提昇

美術的美，超然獨立，是直覺中特出的意境和構形，同實際的周圍不生關係；審美的美感便也超然獨立，和實際人生問題不相連。但是在美學中歷代都有美以及美術和道德的問題。

中國人的民族性是重實用，中國哲學在講爲人之道。爲人之道當然講倫理道德，老莊雖然反對儒家孔子的倫理，卻追求更高的道德；中國歷代的詩文是「文以載道」爲原則。歐洲古希臘柏拉圖反對美術，因爲空虛無實，亞理斯多德讚美文藝引人好用情感；但是就大概說，從古希臘一直到十九世紀，文藝寓道德教訓，是歐洲文藝思想中一個主潮，到了十九世紀，它才動搖。使它動搖的有兩種勢力，第一是浪漫主義所帶的「爲文藝而文藝一個信條。」⓮這個信條到了德國觀念論的康德和義大利的克羅采說出了理論根基，以藝術爲「無所爲而爲的觀賞」，所以與道德的實用無關。

美，爲生命充實發展的表現，這種生命充實發展雖不是生命的全體，祇是特殊的境遇，但既是充實的發展，必是生命的善。因爲生命能夠充實發展，必定遵循生命發展的範圍和途徑，否則將是破壞而非發展。遵循生命的途徑和範圍乃是善。在本體方面眞、善、美是同時相連的，而且是必然相連的。一物的本體要眞，否則不成這物；應是善，否則本體缺而不全，這物也不成；眞和善既爲本體所有，必定表現出來乃是美；克羅采因而主張美是表現。既然美的本體就是善，善就是遵守發展的途徑和範圍，生命發展的途徑和範圍即是生命的法規，生理生命有本性的法規，吃不能過少過多，飲酒不能常醉，男女性慾不能濫。精神生命有本性的法規。孟子稱爲仁義禮智四端，倫理學稱「性律」（Natural Law）美，爲生命的善之表現，即遵守性律的充實發展之表現，必定合於倫理。

若以美祇是表現，美感祇是欣享表現，就和倫理無關；但是表現乃是天才的技術，表現離開表現的內容，表現無所謂美，祇能說表現得好，或表現得不好。在美上，表現和內容融成一體，表現就是內容，表現才說是美，這樣表現中就有善。在美術上，善是在美術家所創作的「構形」中，「構形」要是生命的充實發展才是善，否則「構形」的本體不眞不善，便不能是美。

問題分兩個層次看：第一個層次是本體倫理論，第二個層次是人爲倫理論。

「本體倫理論」主張倫理祇是人性的生命規律，老莊便是這派的學者，他們主張自然，排除一切人爲的制度，以孔子的倫理爲人爲的制度，乃說：「大德不德，大智若愚。」遵守自然倫理的大德，對孔子的倫理，必被認爲不德的人，有超於有限的、相對的智識的大智，對社會一般有學識的人將被認爲愚蠢的人。美，必定合於自然倫理道德，對於人爲倫理制度則超然物外，不受拘束。

第二層次「人爲倫理論」者，不分自然倫理和人爲倫理，以倫理都是爲社會安定的實用，美和美術不是爲實用，便和倫理不發生關係。

普通說來，兩層次的主張都可以說是否認美和美術在道德範圍之內，老莊的大德大智祇是一種理想，因爲本性倫理必藉人爲倫理以實現而實踐。

由生命哲學去講，美爲生命的充實發展之表現，充實發展的生命必遵循發展的途徑，必符合倫理而有道德。不符合本性倫理的人爲倫理，不能視爲道德，便不在生命充實發展之內。這種倫理當然和美及美術無關，還有由本性倫理延伸出來的倫理，美和美術也不必有關係。

例如為保護人的生命，不准闖紅燈、行人應走行人道，這些具體的實用倫理，和美術不掛鈎。然而保護人命的倫理規律，美術也應遵守。

所以美和美術和倫理道德的關係要分析討論，不能以一種答覆便作判決。

美術提昇人的精神，黑格爾便以美爲他的精神哲學三部曲：宗教、美術、哲學，使宇宙提昇精神，返合絕對的精神體。蔡元培曾主張以美育代替宗教，發展人的精神生活。現在台灣每年有藝術季，以音樂戲劇舞蹈淨化人心。這些主張都有所偏，沒有正確了解美術對精神的意義。美是生命充實發展的表現，美感是人心對生命充實發展的互應。美和美術都是屬於精神方面的，影響人的精神生活。詩人文人對著自然美景，欣然忘著世物，心靈和美景融合爲一。王禹偁在黃岡竹樓中，消遣世慮，眼中祇有煙雲竹樹。王勃的〈滕王閣序〉：「落霞與孤鶩齊飛，秋水共長天一色，漁歌唱晚，……雁陣驚寒。」

坐聽音樂，如李白所說：「如聽萬壑松，客心洗流水，餘響入霜鐘。」（聽蜀僧濬彈琴）蘇軾在〈前赤壁賦〉說：「客有吹洞簫者，倚歌而和之，其聲嗚嗚然。如怨如慕，如泣如訴，餘音嫋嫋，不絕如縷，舞幽壑之潛蛟，泣孤舟之嫠婦。」

但是山水景色的美麗，眞是和蘇軾在同一篇賦裡所說：「是造物者之無盡藏也，而吾與子之所共適。」要有精神生活的人，才可以領會，一般俗化活在物質的人不知道享受，所以，美術可以提振人的精神，是提振有精神生活的人之精神，不能像宗教信仰，引導賢愚，歸向超於物質的人生目的。中華民族是美術性的民族，三代時已有《詩經》的〈國風〉，漢代有樂府，唐代有詩，宋代有詞，元代有曲，明清有傳奇，鄉間有各種地方小劇。歷代中國人都遵守禮儀，婚嫁和喪祭，都有歌樂。這種民族的美術性也使中華民族為有道德的民族，又使美術和道德常連在一起，建立「文以載道」的原則。文人詩人欣享自然美景時，也常與民衆同樂。歐陽修的〈豐樂亭記〉說：「既得斯泉於山谷之間，乃日與滁人仰而望山，俯而聽泉，掇幽芳而蔭喬木。風霜冰雪，刻露清秀，四時之景，無不可愛。」又在〈醉翁亭記〉說：「至於負者歌於塗，行者休於樹，前者呼，後者應。傴僂提攜，往來而不斷者，滁人遊也。」

但是從民國以來，傳統已廢，國家不安，中國人道成了金錢的奴役，，精神生活「一敗塗地」。

註釋

❶ 參考中國文化新論（藝術篇），美感與造形，聯經出版事業公司，民七一年，頁一四一—四八。
❷ 朱光潛，文藝心理學，頁二〇七。
❸ 同上，頁二〇八—二〇九。
❹ 同上，頁二〇八。
❺ 同上，頁二一四、二一五。
❻ 加達默爾，眞理與方法(一)，頁八三。
❼ 同上，頁九三。
❽ 中國名畫欣賞全集，明朝（上），頁一—四

❾ 同上，頁一一〇。
❿ 李澤厚，美的歷程，元山書局，民七三年，頁一七三。
⓫ 同上，頁一七二。
⓬ 同上，頁一七二。
⓭ 朱光潛，文藝心理學，頁三三。
⓮ 朱光潛，文藝心理學，頁一〇五、一〇七。

第三章　中國美學史

一、三代美學思想

1. 易　經

上章曾說中華民族是美術性民族，中華民族由古以來爲農業民族。農夫最能體會「天地好生之德」，一年裡伴著麥稻生長結實，每天所想的和所關心的都是麥和稻，從麥和稻的成長看上下的天地，都和麥稻相關連，都爲協助麥稻的生長。因此，農夫看天地是一個生命。

傳統五經的《易經》，研究宇宙的變易，主張宇宙萬物由陰陽二氣所成，陰陽二氣在宇宙間變易不停，在每個物體中也變化不停，因而一切物體都是內動的物體，都由內動而有生命，都是生物。「一陰一陽之謂道，繼之者善也，成之者性也。」（繫辭上，第五章）王船山便主張「性日生而命日降。」這種整體宇宙爲有生命體，時刻變易不停。「生生之謂易。」（同上）生命的變易，神妙莫測，農夫對著自然界的生命，容易發生美感，體驗宇宙變易的原則：平衡、秩序、統一。在各種物體和宇宙全體的變易裡，陰陽要取得平衡調協；例如春夏秋冬四季，陰陽在每一季裡所處地位都有定位：春，三陽開泰，三陰三陽，陰在上陽在下。夏，六陽，乾；乾陽背裡有陰。秋，三陽三陰，陽在上陰在下。冬，六陰，坤，然坤陰背裡有陽。這種定位不能亂，亂則四季不分，生物不能成長。一年四季的變易，有一定的次序；農曆註明二十四節氣，七十二氣候，就是變化的次序。宇宙萬物的變易必定統一，宇宙生命之理是唯一的，各種物體所得生命之理雖然有程度的差異，但必然是相連的，人和萬物相連，萬物彼此相連。

生命、平衡、秩序、統一，《易經》視為宇宙變易的原則，《易經》將這些原則伸展到人類的生活，這些原則便成為中國美學講美的原則。

最重要的是《易經》「生生」的觀念，由生生而萬物有生命，美必定要有生氣，要有生動。「氣韻生動」乃成為中國對美的第一個原則。

《易經》以人的生命和宇宙的生命相連，人類生活的原則依據宇宙變易的原則，故〈易傳〉說天道地道人道，三道相同。人類生活的原則也是：平衡、秩序、統一。人類生活的原則，就是人類生命發展的原則，也就成了日後美學的原則。

孔子和弟子們言志時，說「吾與點也」。點有什麼志向？他說：「暮春者，春服既成，冠者五六人，童子六七人，浴乎沂，風乎舞雩，詠而歸。」這就是後來文人官者，在山水幽麗處建亭築閣，作詩飲酒，欣享自然美景。

中華民族的傳統為美術性民族，除農業的影響外，還有一種因素，即是中國字。中國字爲中國美術的一種，字是日常的用具，而且發源很早，在殷商時已有甲骨文字。字由筆劃而成字形，一筆一劃須有力，字形須統一而活潑，這兩個要求乃成爲字的美術原則，而字的筆劃又是中國線條式美術的基礎。

「陶器幾何紋飾是以線條的構成，流轉爲主要旋律。線條和色彩是造型藝術中兩大因素。……如果說，對色的審美感受在舊石器的山頂洞人便已開始；那麼，對線的審美感受則要到新石器製陶時期中。」❶

在最古的陶器和銅器上，刻畫花紋，花紋多爲獸形鳥形，形的構造常用線條藝術，都和字的筆法有關，到了商周兩代，銅器上刻銘，「銘文風格方面，商及西周初期筆觸富有粗細變化，波磔的作風已不復見，轉而成爲粗細均勻，結體工整的風格；筆觸渾圓，粗細缺乏變化。」❷

2. 銅　器

民族文化史由出土的古物作證，敘述先民的用具，先是石器，次是陶器，後是銅器。石器和陶器在美術史上都是開端的第一步，石器的實用性蓋過美術性，初民用石器爲謀生，不是爲裝飾。陶器也是爲謀生的器具，然而由專業人員製造，專業人員不乏美術人才，陶器開始中國的美術，在造形和飾紋兩方面表現出來。「在新石器時代的農耕社會，勞動、生活和有關的自然對象（農作物）這種種合規律性的形式比舊石器時代的狩獵社會呈現得要遠爲突出、確定和清晰，它們通過巫術禮儀，終於凝凍在、積淀在、濃縮在這似乎僵化了的陶器抽象紋飾符號上了，使這種線的形式中充滿了大量的社會歷史的原始內容和豐富含義。同時，線條不只是訴諸感覺，不只是對比較固定的客觀事物的直觀再現，而且常常可以象徵著代表著主觀情感的運動形式。」❸

到了商代，銅器已經作爲日常器具了。銅器先有紅銅器，後有青銅器，「約在西元前二千多年，黃河上流的齊家文化，已出現了紅銅製品。……要等到青銅出現，人類文明的進程才有了突破性的改變，才眞正利用了這個大自然的賜予，創造了嶄新的文明面貌。」❹青銅的開始期大約在西元前十七世紀，有二里頭出土作品爲據。青銅的用塗，大都用爲製作祭祀和國家大典用的禮器，又爲製作戰爭的武器。

銅器的美術性，是造形、紋飾、銘文。

銅器的造型，跟它的用處相連，或爲裝盛食品，或爲裝盛酒水。裝盛食器的，有鼎、鬲、簋、簠、盨、豆、敦；爲盛酒的爵，盉，斝、觚、卣、瓿、壺、罍、尊、方彝；爲盛水的盤，盂，匜。器形各類不相同，以應實際需要；然爲國家大典之用，製工加以美術性之造形，例如鼎有穩定不移的坐鎮形，爵有恭立舉杯敬酒形。銅器造形是幾何造形，以線條爲主，平衡對稱，莊重肅穆。

銅器的紋飾，沿陶器的習氣，用動物和農產物的線條形，筆法活潑飄揚。如商代用獸面紋，稱爲饕餮紋。

銅器銘文爲金文，「爲商周時代的書體，因爲書寫於家國重器上，字體力求嚴整莊重，絕無草率之筆。殷商周初之早期金文，筆劃每每加描使肥，近於圖畫，非一筆寫成，行距雖不明顯，然氣勢甚爲流暢。西周後期金文，齊整嚴飭，加描之肥筆完全消失，字體長方，雖結構仍不免有圖像形狀，但筆劃線條均已粗細一致，橫排直形，距離整齊劃一，通篇均整優美。東周春秋戰國時代，產生出富有地方色彩，裝飾意味濃重的金文。」❺銅器爲三代的藝術主幹，台北故宮博物院也以銅器爲重要部份，參觀者都讚美當時技術和美術的高超。

中國初期美術品除陶器銅器以外，還有玉器。玉不爲實際用具，具有特種的精神價值。「玉的質地堅實，色澤柔美，被儒家視爲具有仁義智勇多種美德，是君子的象徵。……中國人對玉，一向有著特殊尊愛之情，……又是通神的禮器，用以祭拜神靈祖先。漢代方術之士，認爲玉可以招吉祥除兇慝，更可以保持屍體不朽。」❻玉器以形狀和色澤爲美，雕琢技術和雕刻技術相近，玉器上有紋飾，有人形和獸形，學者以爲是祖宗的圖騰。

玉的產量有限，只有朝廷王室和民間富貴者才能保存，故在美術史上不佔重要的地位。

3. 詩　經

詩在中國文藝中，乃是主流美術。詩的開始，和歌和舞同時。初民在祭拜神靈時，如同我們的原住民的豐年祭，大家成群結隊，又歌又舞，歌的詞，便是詩。這種初民的歌詞，我們的文化遺產中沒有流傳，甲骨文所刻的，都是卜辭。到了商周時代，社會中除祭祀外，有男女農耕時的互相唱和歌，有如後代採茶採菱的歌。朝廷上除了祭祀外，有燕飮的樂章。我們最早的一本文學著作《詩經》，就收集了周朝的歌調三百篇，爲中國最古的詩。詩分爲南、風、雅、頌四部，南、雅、頌爲樂詞，風爲民間民歌詩。《詩經》的詩，在美術的審美中，已佔有重要的位置，詩篇洋溢地表達了歌者感情，描寫的方式很精緻，常以事物作比賦，融貫感情在事物內。感情雖奔放，然不放浪不羈。

孔子在論語中有幾次論到詩：

「子夏問曰：巧笑倩兮，美目盼兮，素以爲絢兮，何謂也？子曰：繪事後素。曰：禮後乎？子曰：起予者，商也，始可與言（詩）已矣。」（八佾）

孔子以禮爲詩的前提。

「子曰：關睢，樂而不淫，哀而不傷。」（八佾）

孔子論感情的表達，須有禮則。

「顏淵問爲邦？子曰：行夏之時，乘殷之輅，服周之冕，樂則韶舞，放鄭聲，鄭聲淫，佞人殆。」（衛靈公）？

孔子批評鄭聲淫亂，後人常以鄭風爲淫。

「子曰：興於詩，立於禮，成於樂。」（泰伯）

「陳亢問於伯魚曰：子亦有異聞乎？對曰：未也。嘗獨立，鯉趨而過庭。曰：學詩乎？曰：未也。不學詩，無以言！鯉退而學詩。他日又獨立，鯉趨而過庭。曰：學禮乎？曰：未也。不學禮，無以立。鯉退而學禮。聞斯二者。」（季氏）

「子曰：小子，何莫學夫詩。詩，可以興，可以觀，可以群，可以怨，邇之事父，遠之事君，多識於鳥獸草木之名。」（陽貨）

「子謂伯魚曰：女爲周南召南乎？人而不爲周南召南，其猶正牆面而立也與！」（陽貨）

上面五段引文，表示孔子以《詩經》之詩，爲修身治國平天下之道，學者必須熟讀。這點似乎和審美沒有關係。然而因爲「詩言志」，「詩無邪」，爲《詩經》之原則，也就成了後代詩的原則，又爲做人的誠實無妄的原則，《詩經》便成了具有社會影響的美術。

4. 楚　辭

《詩經》爲無名氏的族群美術品，戰國時有一位著名人士屈原一人的美術品——〈離騷〉，代表和《詩經》不同的另一派文藝。

屈原（約公元前三四〇），名平，楚國人，有政治抱負，但不見用於楚王，作〈離騷〉以明志，又作〈九歌〉、〈天問〉、〈九章〉。〈招魂〉、〈遠遊〉、〈卜居〉、〈漁父〉，雖在《楚辭》中，但不是屈原的作品。

《楚辭》的體裁，和《詩經》不同，是爲中國賦體的模型。在寫作方法上也和《詩經》不同：《詩經》爲普通人情的敘述，〈國風〉雖有奔放的情緒，然常節制。《詩經》作法謹嚴端重；《楚辭》則豪情奔放，一瀉千里，神靈和人雜處，神話連篇。篇中美人香草，百畝芝蘭，芰荷芙蓉，芳澤衣裳，屈原發揮想像功能，飛天入地，遨遊宇宙。

「朝發靭於蒼梧兮，夕余至乎縣圃，欲少留此靈瑣兮，日忽忽其將暮。吾令羲和弭節兮，望崦嵫而勿迫。路曼曼其修遠兮，吾將上下而求索。」

「屈原的作品表明，他十分善於描寫個體內在的心靈，通過極爲活躍、大膽、自由的想像，把個體內心情感的波動展現爲一幅色彩艷麗的動人圖畫。屈原的作品表現了屈原對昏庸君主的怨恨和不滿，對一心只圖私利，不問是非曲直的小人之憎恨和譴責，對眞理的追求和對祖國人民命運的關心；然而這種表現絕不只是單純的咀咒、呵斥和呼喊，而是處處顯現爲一系列主動的審美意象，訴之於人們的感性直觀。」❼

先秦的美術，在中國美術史上有創始和領導的地位，創始了線條的技術，從甲骨文開始成爲中國美術的主流。陶器的粗糙的造形，發展爲宋元明清的造形美術，雄冠全球。銅器爲這一時期的主要美術，作品現存台北故宮博物院，爲主要展覽品。《詩經》和《楚辭》，乃是中國詩歌賦詞的模型，發展爲唐詩宋詞元曲明清傳記。

美術以表情爲主，情爲人生命的活動。先秦的美術都是人生命的表現，多爲不記名的作品，代表群體生命的各方面的活動。《楚辭》則爲屈原所作，活活地表現了個人情感的高峰。《詩經》溫柔嚴正，「詩無邪」；《楚辭》熱情奔放，鬼情同悲。中國美術的原則在先秦時代已經建立：美術是人生命的寫照：充實、生動、平衡、統一，後代中國美術的主流：繪畫、詩詞、散文都建立在這些原則上。

5. 儒道兩家的美學思想

春秋戰國爲群雄爭霸的時代，也是學者群起發揮思想的時代，學者中雖沒有專論美學的人，但在言論和著作中有不少關係美學的思想。目前已有學者從這時代學者的言論和著作中，系統地予以述說；但是中國從西漢尊儒以後，民間和政府的生活，都以儒家爲主，因此中國的美學思想也是以儒家美學思想爲主；然而美術家最愛自由，喜愛去想，道家和佛教的思想在中國美術中，表現非常活躍。

儒家在春秋戰國時，對於美學，以孔子和孟子爲導師。上面討論《詩經》時，已經舉出孔子的幾個美學思想，現在稍爲系統上予以說明。

孔子很看重美術，在他的教育理想中，美術佔重要的位置。「子曰：興於詩，立於禮，成於樂。」（泰伯）朱熹註中引程頤的話說：「天下之英才，不爲少矣！特以道學而明，故不得有所成就。夫古人之詩，如今之歌曲，雖閭里童稚，皆習聞之而知其說，故能興起；今雖老師宿儒尚不能曉其義，況學者乎！是不能興於詩也。古人自灑掃應對以至冠婚喪祭，莫不得有禮，今皆廢壞，是以人倫不明，治家無法；是不得立於禮也。古人之樂，聲音所以養其耳，采色所以養其目，歌詠所以養其性情，舞蹈所以養其血脈，今皆無之，是不得成於樂也。是以古之成材也易，今之成材也難。」程子說明了孔子教育的設施，成就當時之英才，而孔子的教育重在美術。「子曰：志於道，據於德，依於仁，游於藝。」（述而）

「顏淵問爲邦，子曰：行夏之時，乘殷之輅，服周之冕。樂則韶舞，放鄭聲，遠佞人；鄭聲淫，佞人殆。」（衛靈公）孔子爲治國家，也注重美術，以韶舞以教民，對於詩，則棄絕淫邪之聲。孔子刪詩，就以「詩無邪」爲原則。

孔子本人喜愛美術，欣賞自然。「子在川上曰：逝者如斯夫，不舍晝夜！」因自然的景緻，感嘆人生大道。程子曰：「此道體也，天運而不已，日往則月來，寒往則暑來，水流而不息，物生而不窮，皆與道爲體，運乎晝夜，未嘗已也。是以君子法之，自強不息，及其至也，純亦不已焉。」

「子在齊聞韶，三月不知肉味。曰：不圖樂之至於斯也。」（述而）《史記》孔子傳說：「子在齊聞韶，學之三月，不知肉味。」《史記》以孔子三月不知肉味，是專心學韶舞。《論語》則以孔子聞韶，心情快樂，忘記飲食的味。孔子嘆息說沒有想到韶樂有這麼美，而感人之深。「子謂韶盡美矣，又盡善也；謂武盡美矣，未盡善也。」（里仁）孔子表示了對審美的一項原則，美不脫離善。

孔子言志說：「吾與點也」，我們已經與以說明，作了後代文人官吏造樓建閣的根據，以賞受自然美景之樂，所以這種近乎浪漫風氣不必溯源於道家莊子。

孔子在中國美學的歷史地位：「先秦美學史說：孔子美學的結構基本上是這樣的：第一，孔子從他的仁學出發，要求每個人全面的發展個人所有的完滿實現，充分肯定了人的感性現實的價值和意義，強調審美和藝術是陶冶人的思想情感，使社會的倫理道德規範成爲個體自覺的心理欲求的重要手段。這就是他所提出的『成於樂』和『游於藝』的基本含義。第二，從這個基本思想出發，孔子一方面分析了藝術所具的社會作用，提出了『興』、『觀』、『群』、『怨』的學說；第三，由於孔子認爲美是外在能給人的精神愉快的感性形式，與內在倫理道德的理性要求的和諧統一，因此他在審美和藝術上以『中庸』爲自己的美學批評尺度。」❽

孟子對於美學的直接影響，較比孔子還大，因爲對美所加的解說或定義，成了後代對美的標準思想。還有另一點，孟子謂人有小體大體，小體爲耳目之官，大體爲心思之官，修大體者爲大人，修小體者爲小人。物質物可以悅耳目之官，仁義可以悅心思之官。「故理義之悅我心，猶芻豢之悅我口。」（告子上）「君子有三樂，而王天下不與存焉。父母俱存，兄弟無故，一樂也；仰不愧於天，俯不怍於人，二樂也；得天下英才而教育之，三樂也。」（盡心上）審美的興趣是感官與心思之官共同的樂趣，而心思之官的樂，乃是美感的眞正樂趣。孟子又以人的品格也表現美，他說大丈夫的不屈精神，和他的浩然之氣，就是美的品格。

浩生不害問曰：「樂正子何人也？」孟子曰：「善人也，信人也。」「何謂善？何謂信？」「曰：可欲之謂善，有諸己之謂信，充實而有光輝之謂大，大而化之之謂聖，聖而不可知之謂神。樂正子，二之中，四之下也。」（盡心下）

這一段解釋是解釋人品的層次，但是後代乃成爲審美的原則，而「浩然之氣」的氣也作爲美的要素。

美，包含善與信，因爲善和信都是生命發展的原則，善和信以發展生命到了充實的境地，表現出來便是美。「充實而有光輝之謂大」，美的表現很鮮明，很強烈，就是所謂「巍巍」、「浩蕩」的雄壯之美。「大而化之之謂聖」，聖常受人尊重，而又使人同化，美術之美引人起敬，又興起則效之心，如王羲之稱爲「書聖」，吳道子稱爲「畫聖」，杜甫稱爲「詩聖」。「聖而不可知之謂神」，《易經》常以天地變易不測，萬物生生神妙，美術的美境不顯構造的形痕，氣運流通神奇致莫知往來途徑，乃稱爲「神品」，中國的字和畫品有被稱爲「神品」。李白稱爲「詩仙」，不僅因爲他好酒，也因爲他的詩，在酒醉時也能提筆成章，神妙莫測，且美妙天然，可以稱爲神品。

孟子的氣，爲人生命的要素，氣要流通，生命才可發展，氣要壯盛，生命才可發揚。美術爲人生命充實發展的表現，必定要有氣運；氣運流通，美術便生動；氣運壯盛，美術便雄壯。中國的字、散文和山水畫，都以氣運爲美的要素。米芾的行書，氣如遊龍；顏眞卿的正楷，氣正莊嚴；韓愈文章的氣，強盛剛毅；蘇軾文章的氣，自然流行。這都是孟子的影響。

春秋戰國時，另一派學說對美術有影響的則是道家，道家的老子和莊子，留有著作。老子一書講論「道」，多從形上本體論討論，建立了道家的形上學，對於人生的各種問題，很少具體地談到；但是建立了他的人生觀：無爲而自然，反對人造的制度，不談仁義禮樂。老子對於中國美學沒有重大的影響。

莊子則在書中雖然談「道」，然而講人生的論題很多，而且莊子一書就是中國文學的上乘作品。他的思想對中國文藝影響很大，唐朝王維就稱爲道家的詩人，李白則稱爲道教的詩仙。

莊子的美學思想，建立在他的哲學思想基本上，是「師法自然而無爲」。孔子儒家的根本思想則是法天而建立人倫規範。

莊子主張法自然而無爲，自然是天地萬物和天地萬物運行之道，無爲是摒棄一切人爲的制度，順乎自然而生活。老子曾說要棄聖絕智，又說：「五色令人目盲，五聲令人耳聾，五味令人口爽，馳騁畋獵令人心發狂，難得之貨令人行妨，是以聖人爲腹不爲目，故去彼取此。」（第十二章）

莊子主張養氣以長生；養氣是養元氣，養天地之氣。天地元氣在心靈，莊子乃倡心齋，墮形骸，去物慾，把一切都放心外，以致外死生。人心既虛，人的精神乃能與天地相合，遊於天地之內，有如至人。「至人神矣，大澤焚而不能熱，河漢沍而不能寒，疾雷破山飄風振海而不能驚。若然者，乘雲氣，騎日月，而遊乎四海之外。」（齊物篇）

莊子的人生觀，是靜而無爲，排斥人爲制度，一切順乎自然。「夫虛靜恬淡，寂寞無爲者，萬物之本也。」（天道）莊子一生淡泊素靜，這種精神影響了後世的美術。唐王維表達了這種精神：「晚年惟好靜，萬事不關心。自顧無長策，空知返舊林。松風以解帶，山月照彈琴。君問窮通理，漁歌入浦深。」（酬張少府）「中歲頗好道，晚家南山陲。興來每獨往，勝事空自知。行到水窮處，坐看雲起時。偶然遇林叟，談笑無還期。」（歸嵩山作）

至於莊子的「天地大美」，「天樂」，氣態若大鵬，「怒而飛，其翼若垂天之雲，水擊三千里，搏扶搖而上者九萬里。」（逍遙遊）在散文的影響，可以和屈原齊肩。其他學者如荀子、墨子、管子等在哲學思想中，含有美學的觀念，在中國美學史上，沒有深刻影響。

二、兩漢南北朝的美術

1. 樂　記

兩漢在學術史上，沒有偉大的學者建立系統的思想，祇是在宇宙本體論上，加入了五行。五行代替了《易經》的四象。所以宇宙的結構是大極生陰陽，陰陽生五行，五行生萬物。陰陽五行的思想由宇宙結構而進入宇宙一切事物的構造，因而就進入美學的範圍。後來美術的「構形」，「筆劃」，「著色」，都有五行思想。「古之學者比物醜類，鼓無當於五聲，五聲弗得不和；水無當於五色，五色弗得不章；學無當於五官，五官弗得不治；師無當於五服，五服弗得不親。」（禮記·學記）所說的五聲，五色，五官，五服，皆和五行有關，五行的思想不僅進入學術界，也進入日常生活裡。

《禮記》的〈少儀〉篇對美有云：「言語之美，穆穆皇皇；朝廷之美，濟濟翔翔；祭祀之美，齊齊皇皇；車馬之美，匪匪翼翼；鸞和之美，肅肅雍雍。」這裡不是正式討論美的意義，而是表述事物之美，從所形容的美中，可以取得外形美的條件：第一要有次序，第二要有端正，第三要有和諧，第四要有光彩。

《禮記》書中有〈樂記〉一篇，講論音樂歌曲的理論，講明音樂之美的意義。

「凡音之起，由人心生也。人心之動，物使之然也。感於物而動，故形於聲，聲相應故生變，方謂之音。比音而樂之，及千戚羽旄謂之樂。」（樂記）

聲、音、樂，三者分開，聲是自然的生理作用，人心爲物所感動，天然地發出一種呼聲。這種聲音就是表達心中的感受。「是故其哀心感者，其聲噍以殺；其樂心感者，其聲嘽以緩；其喜心感者，其聲發以散；其怒心感者，其聲粗以厲；其敬心感者，其聲直以廉；其愛心感者，其聲和以柔；六者非性也，感於物而后動。」（樂記）

音，聲成文謂之音。聲爲天然產物；音，則加有人爲之音調，而成爲有連綴之聲，音不違反聲，「是故治世之音，安以樂，其政和；亂世之音，怨以怒。其政乖；亡國之音哀以思，其民困；聲音之道與政通矣。」（樂記）音樂在古代爲民間和廟堂的音樂；民間的音樂，表達民衆的感情；廟堂的音樂，表達君主的思想；音樂在古代和政治常相連。

樂，則是和舞蹈相結合，「比音而樂之及干戚羽旄，謂之樂。」古代有樂必有舞，有如現前原始民族的歌舞。廟堂之樂，古時也是配著舞蹈。古代樂的原則是：「樂者，通倫理者也。」（樂記）樂和禮相配，禮樂爲中國古代治國的要件，「是故先王之制禮樂也，非以極口腹耳目之欲也，將以教民平好惡而返人道之正也。」（樂記）孔子曾說「詩無邪」，音樂不是爲娛樂人的感官，而是爲引人歸於人道之正。

「禮節人心，樂合民聲……樂者爲同，禮者爲異，同則相親，異則相敬；合情飾貌者，禮樂之事也。」（樂記）

「樂者，天地之合也；禮者，天地之序也。和，故百物皆化；序，故群物皆別。樂由天作，禮以地制。……地氣上齊，天氣下降，陰陽相摩，天地相蕩，鼓之以雷霆，奮之以風雨，動之以四時，煖之以日月，而百化興焉，則樂者天地之合也。」（樂記）

「是故先王本之情性，稽之度數，制之禮義，合生氣之合，道五常之行，使之陽而不散，陰而不密，剛氣不怒，柔氣不懾，四暢交於中而發作於外，皆安其位而不相奪也。然其立之學等，廣其節奏，省其文采，以道德厚。律小大之稱，比終始之序，以象事行，使親疏貴賤長幼男女之理，皆形見於樂，故曰：樂觀其深矣。」（樂記）

審美於樂的主點，在於合。合天地陰陽之氣，合社會人倫之理，所合之氣爲天地的生氣，按《易經》所說天地相合，萬物發生，音樂使人的生命充實發展。民衆聽了音樂引起反應，按人倫之理互相合作，社會能有安和。

2. 詩

甲、毛詩序

講詩學理論的，在西漢有〈毛詩序〉，〈毛詩序〉是古文派《毛詩·關雎》一章的序，然而這篇序文有大小兩序：大序爲泛論詩的文句，小序爲註關雎的文句。兩段後來混合一起，現有研究者，重新分別列出。❾

「詩者，志之所之也，在心爲志，發言爲詩。情動於中而形於言，言之不足故嗟嘆之，嗟嘆之不足故詠歌之，詩歌之不足，則不知手之舞之，足之蹈之也。……故正得失，動天地，感鬼神，莫近於詩。先王以是經夫婦，成孝敬，厚人倫，美教化，移風俗。」❿

「詩言志」爲孔孟的思想，〈毛詩序〉乃說「在心爲志，發言爲詩。」志，依照朱熹所說：心之動爲情，情之所之爲志，志是情的對象；喜愛什麼？怨恨什麼？爲什麼喜？爲什麼悲？就是情之所之，也就是詩的內容。詩屬於情，不屬於理性活動。詩的美便在於表達人情感的內涵。情感爲人生命的活動，人的生命和宇宙的生命連合爲「一體之仁」（王陽明）故詩能夠「動天地，感鬼神」，又能使人的情感發而皆中節，能「正得失」以治國家。

乙、樂府・五言

兩漢有樂府，有五言詩；然在中國文藝史上的地位不高。五言詩到了魏晉南北朝才發展到了高峰。魏時有曹氏父子，曹植的詩，更爲文人所重，曹氏父子逸出了倫常和節操的價值觀，竹林七子更毀棄倫理，悲傷人生的短景。七子中以嵇康和阮籍最特出，南北朝詩人中，當以陶潛爲最著，創田園詩的幽閒精神。南北朝詩文多講音律，重對偶，詩有沈約的四音八病，文有賦詞駢體。陶潛放棄了這種人工體式，而用樸實平淡的詞句寫感情，讀者很感親切，在當時不爲人所重，但到了唐宋，大家體會到陶潛的詩，表情眞切，胸襟高闊，語中含哲理，指示人生途徑。

在詩的格式上，兩漢、南北朝「創造了格律、語滙、修詞、音韻上的種種財富，給後世提供了資料和借鑑。」⓫

「繁華有憔悴，堂上從荊杞。驅馬捨之去，去上西山趾。
一身不自保，何況戀妻子。凝霜被野草，歲暮亦云已。
胸中懷湯火，變化故相招，萬事無窮極，知謀故不饒。
但恐須臾間，魂氣隨風飄。終身履薄冰，誰知我心焦。」（阮籍八十二首詩）

「種豆南山下，草盛豆苗稀，晨興理荒穢，帶月荷鋤歸。
道狹草木長，夕露沾我衣，衣沾不足惜，但使願無違。」
「曖曖遠人村，依依墟裡煙，狗吠深巷中，雞鳴桑樹顛。
户庭無塵雜，虛室有餘閑。久在樊籠中，復得返自然。」（陶潛）

阮籍和陶潛的詩，都是寫人生的感受，阮詩寫變亂時期人心的憂怨，一心想逃避人世，詩筆隱晦。陶詩表達安貧樂道的心境，與自然相處的快樂，詩筆淡泊，明朗無雜。

3. 壁畫．雕塑

佛教由漢末傳入中國，在南北朝時迅速發達，民間信仰輪迴的教義，帝王崇拜靜虛戒殺的教誡，各處建造寺廟，繪畫塑造佛像。在甘肅和西北各地，興建石窟，自陳隋到唐朝，繼續壁畫和泥塑的美術工作，給中國美術史一種特殊的美術。

石窟美術在南北朝時，以北魏爲主。題材爲佛一生事蹟傳說，技術爲印度式，最著的「以割肉貿鴿」，「捨身飼虎」，「須達拏好善樂施」，「五百強盜剜目」等題材，繪成長幅連環的壁畫。現在出土的漢墓多有壁畫。壁畫在燉煌石室達到頂峰。燉煌石室始建於前秦，以後歷經南北朝的北魏北周，隋，唐，五代，西夏，元朝，開鑿一千多洞，現存四百九十二洞窟，佛像塑立二千多尊，壁畫四萬五千多平方尺。⓬窟中壁畫與塑像，初期印度色彩濃厚，隨著年代往後，中國技術發達，勢成中國藝術的獨一派別，天女俗人化，佛像也人格化。

「墓室壁畫，漢代崇尚厚葬，貴族墓室的營造十分講究，墓室內不僅有精美的壁畫圖案，而且有內容豐富的壁畫，……有的畫墓主出行的宏偉場面，車騎斧鉞，長旗大鼓，威儀赫赫地列隊行進，表現出死者生前的顯赫生活。有的畫墓主宴飲觀戲。……也有畫歷史故實與民間傳說的，反映了當時人民的情趣。……從表現技法上看，壁畫有白描，也有沒骨法，但多用墨線勾畫，線條有粗有細，也有剛柔之別。畫者在用筆上已能掌握輕重、虛實、轉折、頓挫等手法，力求表現出對象的特徵與物體結構的關係。用色上有單線平塗，也有濃淡渲染，已能用朱黃青綠紫黑白等複雜的顏色。由此可以看出，漢代墓室壁畫與長沙楚墓帛畫有傳統關係，而又有重大的創新與發展，對晉唐繪畫有較大影響。」⑬

兩漢南北朝繪畫以人物畫特出，除佛教佛像畫以外，有美術家的美術作品：曹不興、張僧繇、顧愷之。顧愷之的畫眞本不傳，現有女史箴圖、列女仁智圖、洛神賦圖的摹本。顧愷之號稱：才痴畫三絕，他畫人物畫以「傳神」爲原則，不注重「寫形」「史稱顧愷之用筆『緊勁聯綿，循環超忽，格調高逸，風趨電疾。』又稱他的線條如『春蠶吐絲』，後人稱之爲『高古游絲描』，它利用連綿蜿曲的線條，不用折線亦不用粗細突變的線條，含蘊，飄忽，使人感動雖靜猶動的效果，這種線描對中國繪畫的造型影響既廣又深。」⑭

兩漢南北朝的美術，以詩賦爲主，繪畫則發展人物畫，雕塑因佛教而興起，三者在中國美術史上，具有重大影響。

在兩漢南北朝時，還興起了中國的特有的美術，即是書法。在甲骨文時期，字刻在甲骨上是爲記卜，沒有另外的藝術作用。銅器時代刻在鼎上的金文，是爲記事或記言，也沒有藝術作用；但是甲骨文的字或銅器金文的字，後代人審美者都認爲具有美的意義，但在兩漢以前沒有美術家專以書法之美寫字，兩漢便有了書法家，也留下了書法理論的著作。

崔瑗爲漢代著名書法家，擅長草書。草書創於漢代，創始者有說爲前漢元帝時的史游，一說爲漢章帝時的杜度，崔瑗以杜度爲師，著有草書勢。

「草書之法，蓋先簡略，應時諭旨，周於卒迫。……觀其法象，俯仰有儀，方不中矩，圓不副規，抑左揚右，望之若欹；……是故遠而望之，漼焉若注岸崩崖；就而察之即一畫不可移。纖維要妙，臨事從宜。」⑮

崔瑗論草書始於忙中就簡，隨筆寫作，不中規矩，看來很亂；但實際上有一定法則，「一畫不可移」。草書的美，在於作者個人的個性表露，自由不羈，胸懷寬闊；草書的美，第一在於動而靈，不能呆板。第二在於筆勢有勁，不能懶散。第三在於筆勢和墨色要協調。

漢末蔡邕，爲著名學者，著名書法家，擅長隸書，寫有「篆勢」，原書已不傳，存留部份在衛恒的《四體書勢》中；又著有「筆賦」，原文也不傳，在唐宋作家的引用中，保存片段。

「上剛下柔，乾坤之正也；新故代謝，四時之次也；圓和正直，規矩之極也；立首黃管，天地之色也。」⑯

隸字的美在於「圓和正直，規矩之極也。」隸字每字端正嚴肅，有凜然不可犯的姿勢。蔡邕主張筆有勢力，「力」爲書法的主幹，無論篆隸草書，用筆必須有力。「力」表達作者的氣態和人格，表達作者生命的發展，後代水墨畫的墨竹以及文人寫意畫，根基建在「力」上，筆畫少，氣勢則豐沛飛揚。書法在漢代成了美術，唐宋繼續發揚。

三、唐宋的美術

經過南北朝的變亂，隋朝統一南北，唐朝承接了一統的天下，唐太宗政治開明，親民愛民，政治勢力達到頂峰，文化事業輝煌燦爛，中國的各項美術，都得有空前絕後的發展。在文字美術有唐詩唐文；在圖形美術有山水畫、動物畫和文人畫；在雕塑上有燉煌石室的佛像；在樂曲上有唐玄宗的歌舞曲；在建築上有遍佈山林的禪院。

1. 文藝

中國古詩的各種形態，在唐詩中都有。漢朝的樂府繼續在唐詩中存在，五言詩則勃勃發揚爲律詩絕句，七言詩興起，馬上與律詩和絕句和五言詩並立。詩的意境和感情，和人生各方面的遭遇相溶合，充分地表達了個人和社會的生活，在唐代有中國詩人中的最優秀代表：

李白詩仙，杜甫詩聖，王維詩中有畫，白居易詩話諷人。

李白天才非常高，作詩任其自然，豪情奔放，完全表露個性，他的生活在於醉酒作詩。

「歡言得所憩，美酒聊共揮，長歌吟松風，曲盡月星稀。」（下終南山・遇斛斯山人家）

「花間一壺酒，獨酌無相親，舉杯邀明月，對影成三人。」（月下獨酌）

「我本楚狂人，鳳歌笑孔丘，手持綠玉杖，朝別黃鶴樓，五嶽尋仙不辭遠，一生好入名山遊。廬山秀出南斗傍。屏風九疊雲錦張，影落明湖青黛光，金闕前開二峰長，銀河倒掛三石梁。香爐瀑布遙相望，迴崖沓障凌蒼蒼。翠影紅霞映朝日，馬飛不到笑天長。登高壯觀天地間，大江茫茫去不還。黃雲萬里動風色，白波九道流雪山。」（廬山謠）

李白寫景，看似自然順敘，但鍊字造句多斟酌。他的絕句詩，空靈活潑，供人千里冥想。

「故人西辭黃鶴樓，煙花三月下揚州，孤帆遠影碧空盡，惟見長江天際流。」（黃鶴樓送孟浩然之廣陵）

「朝辭白帝彩雲間，千里江陵一日還，兩岸猿聲啼不住，輕舟已過萬重山。」（早發白帝城）

看似隨手拈來，順乎自然；這是李白天才過人，他的生活常在詩中，不寫出的留在腦中，寫出便成詩。「有天馬行空，不可羈勒之勢。」（趙翼）⑰

杜埔爲人忠厚，愛國愛家，詩才超逸，情感誠篤。作詩雖鍊字斟句，惟不著痕跡，一若天成。蘇雪林曾說：「杜詩之所長，一曰情眞語摯，直抒肺腑。甫之性格，極爲忠篤而眞實，且有非常豐富之感情，極其銳敏之感覺。……二曰沈鬱頓挫，蒼涼悲壯。……三曰體裁廣博，涵蓋萬有。」⑱

「細草微風岸，危檣獨夜舟，星垂平野闊，月湧大江流。名豈文章著，官應老病休，飄飄何所似，天地一沙鷗。」（旅夜書懷）

「劍外忽傳收薊北，初聞涕淚滿衣裳，卻看妻子愁何在，漫卷詩書喜欲狂。白日放歌須縱酒，青春作伴好還鄉，即從巴峽穿巫峽，便下襄陽向洛陽。」（聞官軍收河南河北）

王維繼陶潛之後，喜寫田園閒散詩。他性喜道家清靜無爲，詩意似閒雲野鶴。但是他的特徵，寫景如畫，因爲他也是畫家。

「寒山轉蒼翠，秋水日潺湲，倚杖柴門外，臨風聽暮蟬。渡頭餘落日，墟里上孤煙。復值接輿醉，狂歌五柳前。」（輞川閒居寄裴廸）

這類道家的詩，有佛教的禪教詩：

「一路經行徑，莓苔見屐痕，白雲依靜渚，芳草閉閒門。遇雨看松色，隨山到水源，溪花與禪意，相對亦忘言。」（劉長卿．尋南溪常道士）

白居易的〈長恨歌〉和〈琵琶行〉記女寵樂工，杜甫和岑參記征兵之苦，描述社會問題，唐人由個人生活到群衆痛苦，詩的功用，已推廣到各方面；詩人的技巧，由平淡到巧妙，已極盡所能，唐朝政治分前唐中唐晚唐三期：前唐爲極盛期，中唐爲兵亂時，晚唐爲衰頽時。唐詩隨政治時代的變異，也應分爲三個時代：盛唐詩爲歌頌太平的浪漫詩，情景不眞切。中唐詩傾於寫實，深感兵亂之苦，意眞情確。晚唐時流爲唯美派，李商隱和溫庭筠常寫男女情話，爲宋詞開路。

宋代的詩走兒女多情和美麗詞句的路，同時興起「詞」，爲歌妓們塡歌調，更是女兒情懷。但是宋代的一大詩人蘇軾則能接唐代大詩人之後塵，趙翼說：「李白詩如高雲之遊空，杜甫詩如喬嶽之矗天，蘇軾詩如流水之行地。」⑲

和蘇軾相近的，有秦觀、黃庭堅、晁補之，但宋詩較比唐詩，氣韻少，情感缺眞情。宋代較特出的文藝代表爲詞，所以皆說：唐詩宋詞。

詞，原來是歌妓唱的小調，只有南唐李後主的詞，有寫他對妃子的感情，但多是懷念故國的凄涼，爲詞開了一個新的意境。

「無言獨上西樓，月如鈎，寂寞梧桐深院鎖清秋。剪不斷，理還亂，是離愁，別是一番滋味在心頭。」

詞到了蘇軾手中，成爲了新詩，「東坡作詞，並不希望拿給十五、六歲的女郎在紅氍毹上裊裊婷婷地去歌唱。他只是用一種新詩體來作他的新體詩。詞體到了他手裡，可以詠古，可以悼亡，可以談禪，可以談理，可以議論。……但風氣已開了，再關不住了；詞的用處推廣了，詞的內容變複雜了，詞人的個性也更顯出了。」⑳

「夜飲東坡醒復醉，歸來彷彿三更。家僮鼻息已雷鳴，敲門都不應，倚杖聽江聲。長恨此生非我有，何時忘卻營營？夜闌風靜縠紋平；小舟從此逝，江海寄餘生。」

（蘇軾・雪堂夜飲，醉歸臨皋作）

宋朝詞人輩出，有如唐朝詩人，天才女子李清照作詞清新沈鬱。

「窗前種得芭蕉樹，陰滿中庭，陰滿中庭，葉葉心心舒卷有餘情。傷上枕上三更雨，點滴淒清，點滴淒清，愁損離人不慣起來歌。」（李清照・添字采桑子）

陸游是詩人兼詞人，一股愛國救國的熱忱燃在心中，然不得志，故爲詩詞多悲壯激烈。晚年則心平閒適，有隱居的心情，他的詞有漁樵的風味。

「晚歲喜東歸，掃盡市朝陳迹。揀得亂山深處，鈞一潭澄碧。

賣魚沽酒醉還醒，心事付橫笛。家在萬里雲外，有沙鷗相識。」（陸游・好事近）

宋朝大詞人，有朱敦儒和辛棄疾。詞在他們的作品裡，發展到了最高峰。他們兩人都是熱忱愛護南宋的血性人，朱敦儒晚年則隱居。兩人的詞，都以短篇最美，辛詞長篇的很多，充滿慷慨激昂的情緒，短篇小令常爲最妙之作。

「瘦仙人，窮活計，不養丹砂，不肯參同契。兩頓家餐三覺睡；閉著門兒，不管人間事。

又經年，知幾歲？老屋穿空，幸有天遮蔽。不飲香醪常似醉；白鶴飛來，笑我顚顚地。」（朱敦儒・蘇幕遮）

「少年不識愁滋味，愛上層樓。愛上層樓，爲賦新詞強說愁。

而今識得愁滋味，欲說還休。欲說還休，卻道天涼好箇秋。」（辛棄疾・醜奴兒）

詞爲宋代文藝的代表，宋末和元明的詞人，都是詞匠，按詞譜填詞，元代詞化爲曲，明清化爲傳奇小說。

唐宋文藝的另一代表，則爲古文，唐宋有古文八大家，唐韓愈有「文起八代之哀」的令名，先秦戰國時期，諸子都以文講學，莊子和孟子的散文，氣勢磅礴，自由飛行，爲文藝的佳品。漢司馬遷《史記》文筆璨爛，氣力雄厚，也是文藝佳作。但漢朝興起作賦，無病呻吟。

六朝興起駢文，疊積典故和艷麗詞句，像木偶穿綵衣。唐初陳子昂、獨孤及等開始改革，以散文爲文。這種運動到了韓愈，大力提倡，嚴肅爲文，稱爲古文，直追先秦諸子百家。《唐史·韓愈本傳》說：「愈遂以六經之文爲儒倡，障阻末流，反刓以樸，剗僞爲眞。」韓愈的古文，文勢雄厚，筆力嚴肅，但屢有矯枉過正的缺點，選字作句不免作怪。柳宗元與韓愈齊名，他的古文以山水記爲美，文筆簡潔，記景眞實，文中深含抑鬱不平的怨氣。兩宋的散文，由歐陽修繼承韓愈的古文運動，由蘇氏父子三人發揚，遂有唐宋八大家。蘇軾敘歐公文集說：「秦漢文章，涉晉魏而弊，至唐韓愈振起之。唐之文涉五季而弊，至宋歐陽修又振起之。挽百州之頹波，息千古之邪說，使斯文之正氣，可以羽翼大道，扶持人心，此兩人之力也。」蘇軾天才很高，詩歌都出人頭地，以平淡自由直述情感爲特徵。他的文章，如〈宋史本傳〉所說：「大略如行雲流水，初無定質常行於所當行，止於其所當止。」筆勢委婉，氣運富強，通篇流通順暢。明茅坤選八大家文，八大家爲：唐韓愈、柳宗元、宋歐陽修、蘇洵、蘇軾、蘇轍、曾鞏、王安石。後代古文作家沒有可以同他們並列；而且分成派系，自作規矩，沒有創作精神，和語言的一般用法，漸相隔離，形成如同唐初的駢體文，乃導至民國初年的白話文運動，結束了古文的發展。

2. 繪　畫

唐宋美術，另一類發揚到巔峰的是繪畫，兩漢南北朝的繪畫爲人物畫，畫在墓室的壁上和山窟佛洞的壁上。唐初的繪畫仍重人物畫，閻立本學習張僧繇的人物畫技術，寫了壁畫「凌煙閣二十四人圖」，又寫了「歷代帝王圖」的絹畫，還有多數的唐太宗事跡圖。「正因爲閻立本在人物畫方面，取得同時代的人不可比擬的高度藝術成就，史稱他「丹青神化」，「像人之妙，號爲中興」，「變化古今，天下取則」，這些評語，既稱讚閻立本的人物畫藝術成就，又評論他的人物畫影響之深之廣，在中國繪畫史上，閻立本是最早成熟的人物畫大家，他開闢了唐代人物畫走向鼎盛的坦途。」[21]閻立本人物畫的特徵，根據所畫的人的特點，以生動傳神去刻劃，寫出每個人的心態、性格和氣質；他的畫活動有氣韻。

唐代人物畫的最大畫家爲吳道子，史稱爲「畫聖」。吳道子，名道玄，河南人，性豪爽不羈，自由游蕩，一生作佛寺壁畫約三百多間。畫佛像頂上圓光時，揮筆而成，符合圓規。他畫人物像有現代所謂立體畫法，畫上人物躍躍而出，地獄鬼魔，陰森逼人。他的鐘馗捉鬼圖爲後代畫家描寫的題材。他作畫豪情奔放，筆力雄健，具有活潑生命力。

唐代的畫在後代影響很深而在宋代成效最大的，爲山水畫。在兩漢南北朝的壁畫上，山水祇是陪襯，也是粗筆。到了清朝出了一位畫家，創作出一幅千古流芳的山水畫卷。這幅畫卷名爲「遊春圖」，作家爲展子虔。他是渤海人，生活在南北朝末期和隋朝初年。「遊春圖」描寫春天，貴官仕女在都城郊外遊玩踏青圖，雖以貴官仕女爲主題，但是畫的主題卻是山水。人物的形狀小，夾在青綠紅黃的山林花徑之中，畫中有湖，有橋，有瀑布，有庭院，洋溢著一種悠閒歡樂的生活情趣。畫筆精緻，但不流俗，筆法工巧，但有沖雅之氣，他開啓了唐宋的山水畫。

唐代山水畫首出的畫家爲李思訓、李昭道父子。李氏父子爲唐代宗室的後代，長在貴族家庭，受了良好的藝術薰陶，一家五人都長於繪事。李思訓，弟弟李思誨，兒子李昭道，侄子李林甫，侄孫李湊，當時人都讚爲奇妙。李思訓的畫法特徵，明朝曹昭在《格古要論》裡說：「李思訓唐宗室也，善畫著色山水，筆法尖勁，澗谷幽深，峰巒明秀。不用斧劈，樹葉夾筆，嘗作金碧山水圖障，筆格雅艷，有天然富貴氣象，自成一家法。後人所畫著色山水畫多宗師之，然至妙處不可到也。」㉒後人推李思訓爲北宗山水畫奠基人。

對山水畫的畫論，先有南北朝宋代的宗炳和王微。宗炳在《畫山水序》裡說：「夫聖人以神發道而賢者通，山水以形媚道而仁者樂。」王微《敘畫》說：「望秋雲，神飛揚。臨春風，思浩蕩。雖有金石之樂，珪璋之琛，豈能髣髴之哉。」晉代顧愷之曾作《畫論》，論中說：「四體妍蚩，本無關於妙處，傳神寫照，正在阿堵中。」這是關人物畫的理論。南齊謝赫作《古畫品錄》一卷，在序論性質中說：「雖畫有六法，罕能該盡。而自古及今，各善一節。六法者何？一曰氣韻生動是也；二曰骨法用筆是也；三曰應物象形是也；四曰隨類傳彩是也；五曰經營位置是也；六曰傳移模寫是也。」六法的畫論，成了後代畫論的根基㉓，而氣韻生動也成了後代審美的重要原則。這項原則首先用之於人物畫，大家覺得很適宜，畫人物當然要表現人物的性格和生命，絕不能呆板不靈；然而用之於山水畫，則未免有點玄虛。實則並不玄虛，因爲中國哲學是生命哲學，以山水樹木有脈有氣，決不是沒有生氣。山水景色瞬息變化，四季不同，人對著山水景色乃有深切的感受。

唐朝的山水畫有王維的文人畫，普通都說「王維詩中有畫，畫中有詩。」山水畫正式成爲一派，要到元代的四家，宋代的蘇軾也曾作畫，和王維同爲文人隨意畫山口，以筆墨爲主，線條成美。

宋代山水畫，北宋以李成、關同、范寬三家爲主。李成的特徵是視線廣曠，氣象蕭條。關同的特徵是山林峭拔，雜木豐茂。范寬的特徵是峰巒渾厚，勢狀雄壯。宋代還有董源、郭熙，也爲山水畫家。郭熙師法李成，向眞山眞水學習，自成一家。董源則擅長山水人物畫，匯融王維和李思訓的技法，結合自然景物，創作山水美景，和荊浩、關同，的北方山水畫派不同的南派山水畫。江寧的巨然，師法董源，筆墨秀潤，善畫山川煙嵐氣象。這派南派山水畫，「創造了新的描繪技法。如用筆少，並參雜了乾筆、破筆和方側的筆勢；多暈染，骨體顯得濕潤，以及圓渾的披麻皴，參差錯落的苔點等。同時，畫者傳達的感情也明顯地不同於北方『荊關』一派。『荊關』一派常以雄偉瑰麗的氣勢，令觀者爲之激動、驚愕。『董巨』一派卻是以悠閑陶醉的心情表現出江南特有的寧靜、平和與濛濛濕潤之景，在後期繪畫史上具有特殊重要的地位，所謂山水畫的『幽情逸趣』，實際上元明以來的山水畫，大半都是從這裡發展而來的。」[24]

唐宋的繪畫美術除了人物畫和山水畫以外，有動物和花果繪畫美術。五代時西蜀有黃筌，擅長花鳥，「畫鳥羽毛豐滿，畫花工整穠麗，畫法先用淡墨勾線後，再塡進重彩，史稱爲

「雙勾塡彩」，形成工整細緻，富麗堂皇的風貌。」㉕

南宋花鳥畫家則有宋徽宗趙佶，重視寫生，體物入微，以精工爲特徵。又創立畫院，收集畫家，親加指導。

動物畫美術，在唐代韓幹以畫馬著名，戴嵩以畫牛特長，都爲美術史的名家。韓幹師從曹霸，畫馬窮神極相，戴嵩畫牛傳神，生動天趣。唐代還有一位畫牛的宰相韓滉，他把農民生活和農村習俗作畫，畫田家風俗圖、集社鬥牛圖、歸牧圖、古岸鳴牛圖、五牛圖。他畫中富有生命，富有感情。花鳥畫在北宋是黃筌和黃居寀父子的世界，在宋神宗時「四川趙昌提倡寫生，筆含濃淡，一染而成，不再重加，能傳神傳意。宋代繪畫美術還別開一面，水墨畫竹。北宋仁宗時，四川文同在陝西洋州作知州篔簹谷多竹，他在竹林建一亭，經常在亭中觀看竹的姿態。他畫竹時，「胸有成竹」，揮筆而成。宋代大文人蘇軾酷愛竹子，喜畫竹，偶而以批卷朱紅作畫，遂創紅竹畫。蘇軾畫竹幹，由下而上，一筆而成，筆力千鈞。

山水畫到了宋代，已達成熟階段。明代王世貞在《藝苑卮言》說：「山水畫至大小李一變也，荊、關、董、巨又一變也，李成、范寬又一變也，劉（松年）李（唐）又一變也，大痴、黃鶴又一變也。」㉖

唐宋兩代的美術發展到了頂峰，後元明清少有創作，美術的原理在於美術爲生命的表達，表達的意境則爲「氣韻生動」。

四、元明清的美術

1. 文藝

元代的美術，以元曲和繪畫爲代表，在中國美術史上有獨到的地位。

元代的文藝不在古文和詩詞，而在通俗的民間小說，由說唱演化爲戲劇，乃有美術性高的元曲。關漢卿，王實甫，白樸，馬致遠爲元曲四大家。「元代劇本有鐘嗣成錄鬼簿，及涵虛子目錄。董文暘編纂曲海，目錄凡一千一十三種。董康輯樂府考略所輯近八百種。雖其中雜有明清作品，然大部份爲元人作。……元曲種類普通分爲北曲，南曲。雜劇爲北曲，傳奇爲南曲。南曲乃後起之物，盛於明初。」㉗

關漢卿以《竇娥冤》著名，白樸以《梧桐雨》著名，王實甫以《西廂記》著名，馬致遠以《漢宮秋》著名，還有鄭光祖以《倩女離魂》著名。元劇以外有散曲，劇作家也作散曲，散曲有代元代詩詞的地位。馬致遠有秋思一套，尤負盛名；他的〈天淨沙〉小令，最爲後人傳誦：「枯籐老樹昏鴉，小橋流水人家，古道西風瘦馬，夕陽西下，斷腸人在天涯。」

明代以傳奇代元劇，傳奇本爲南曲，和雜劇在結構上有分別：北曲曰折，南曲曰齣；北曲一折一調一韻，南曲一齣中前後可異調換韻；北曲每折由一人獨唱，南曲則登場人物皆可共唱。南曲以「拜，劉，殺，荊」爲代表作品：拜爲《拜月亭》，元施惠作，共四十齣。劉知遠作《白兔記》，共三十三齣。《殺狗記》爲鉅作，共三十六齣。《荊釵記》爲明寧獻王李權作，共四十八齣。這四種傳記，《拜月亭》詞句頗秀雅，《荊釵記》詞句樸質，《殺狗記》和《白兔記》則詞頗俗俚。

高明作《琵琶記》，共十二齣，有平淡清雅之譽。

明中葉最大劇作家爲湯顯祖，作「玉茗堂四夢」：《牡丹亭》、《南柯記》，《邯鄲記》，《紫釵記》。《牡丹亭》共五十五齣，用詞深摯，表情纏綿，然不合音律。同時沈璟也是劇作家，有《屬玉堂傳奇》，詞句樸質，不雜駢典，且恪守音律。明末劇作家有阮大鋮，作曲九種。燕子箋與春燈謎最佳。

清初劇作家有李漁、孔尚任、洪昇、蔣士銓。李漁劇本結構堅湊，詞曲新穎。孔尚任以《桃花扇》著名，此劇共四十四齣，描寫明亡遺事，劇中人物侯方域、李香君、史可法、柳敬亭、蘇崑生，實事實人，劇情哀傷，亡國隱痛，含於詞中。洪昇作《長生殿》，共五十齣，玉環癡情不滅，明皇悲悼傷別，成爲千古感人之作。

和劇曲相連的有音樂美術，中國音樂的發展和詩歌有關。《詩經》的詩是可以歌的，尤以〈雅〉、〈頌〉爲祭祀宴會之歌詞，《楚辭》的〈九歌〉也是祭神用的。歷代君王在宮內常有歌舞。唐代玄宗和楊貴妃更是創製新歌，宋代的詞爲妓女歌詞，元曲更爲劇本。南曲音律以崑腔爲集大成，北方以京劇爲集總。「直到昆曲，以風流瀟洒，多情善感的小生、小旦爲主角，以精工細作的姿態唱腔來刻劃心理、情意，配以美麗文詞，相當突出地表現了一代風神。……能不對昆曲、京劇中那種種優美的唱段唱腔心醉動懷？能不對那裊裊輕煙般的出場入場爲S形的優雅動作姿態嘆爲觀止？高度提煉，概括而又豐富具體，已經形式化而又仍有一定個性，它不是一般形式美，而正是有意味的形式。儘管進入上層和宮廷之後，趣味日見纖細，但它的基礎仍是廣泛的市井小民，它仍屬於市民文藝的一部份。」㉘

這種市民文藝就和中醫一樣，沒有系統講述的書籍，祇有口傳和實習，到今天仍不能講中國的歌劇。現今中醫的研究，漸入學術途徑，中國劇曲的音樂研究，希望在音樂系能開課，將來發展這種市民美術。

元明清文藝的另一類特徵，是白話小說，不是唐代的短篇，而是連續的章回小說。第一種著名的小說爲《水滸傳》。《水滸傳》的作者，或說是施耐庵，或曰是羅貫中。根據今日學者的考證，指定作者爲施耐庵，羅貫中加以編次，共二十卷。明朝嘉靖年間郭勳又加改編加寫，成一百回。清初金聖嘆取郭本前七十一回，以第一回作楔子，成了民間傳誦的本子。《水滸傳》的美，在於寫一百零八條好漢個性顯明，動作活潑，外面是盜賊，實際爲民保護正義，發揮人情，爲民所愛。

羅貫中作《三國志》，按照陳壽《三國志》爲底本，改編原有的三國志平話，後來經過清初毛宗岡的修改，成爲一本歷史小說，文筆流暢，興味淋漓，在民間發生極大的通俗教育能力。

最偉大的人情小說爲《紅樓夢》，全書爲一百二十回，前八十回是曹霑作，後四十回爲高鶚續，書中男子二百三十五人，女子二百十三人，描寫栩栩如生，世態人情，刻畫盡致，這本小說現已構成「紅學」，考據作者和內容。

描述鬼怪的長篇小說，有吳承恩的《西遊記》，不知名作者的《封神傳》。諷刺儒林人物的有吳敬梓的《儒林外史》。艷情淫穢則有《金瓶梅》。

這些屬於民衆文學的小說，文筆活潑，內容生動，美妙而動人，可以和西方的文藝小說相媲美。當時文人雖不正式把它們列入文壇，但是社會群衆則不問文壇的古文，家家都閱讀白話小說，結果古文離開群衆越離越遠，到了民國，白話小說正式登上文壇。

元明清的古文和詩詞，有許多著名的作家，然都在仿效唐宋作家，沒有創作。

元好問爲宋朝遺老，詩文俱茂。許衡繼承儒學，文章平淡明瞭。吳澄也以儒學著名，文筆典雅。

明代古文作家當以歸有光爲最著名，走出唐宋八大家之外，自以家事敘述，事關天倫，不假修飾，情辭並美。

清朝古文以桐城派爲主流，桐城三祖：方苞、劉大櫆、姚鼐。方苞文章簡潔，行筆整嚴。劉大櫆才大氣盛，文筆瑰奇恣睢。姚鼐文筆深邃，詞旨淵雅。桐城派的湖南文人曾國藩則以平淡文筆，寫家書傳世，又鑒於桐城末流之空疏，爲文必具義理。

2. 繪畫

元朝美術以繪畫輝耀美術史，畫山水，畫竹，畫梅，畫馬，都有超出前後畫家的美術家，一方面承接宋代的文人畫氣態，一方面又有亡國隱士的忠貞精神。元山水畫有四大家：吳鎮、倪瓚、王蒙、黃公望，還有錢選，趙孟頫。畫竹專家有李衎、管道昇、顧安、柯九思、楊維翰。畫馬美術家有趙孟頫。

「元代繪畫在轉變中仍有重大的發展與提高。一，畫家嚮往於嘯傲山林，因而能探索山川奧秘，擷取大自然中有用題材，使創作富有生氣，……二，元朝畫家明確提出書法入畫的主張，強調詩，書，畫的結合，……元以前繪畫材料以絹爲主，絹不吸水，故畫家多用濕筆，而元朝畫家多用紙作畫，紙能沁水，墨色更多變化，皴擦點染都要求有更高的駕馭筆墨的能力。元人在筆墨技術上多有創作，這對水墨畫的發展作出了重大的貢獻。」㉙

明清繪畫停滯在模倣的風氣下，少有創作。明初有四家：沈周、文徵明、唐寅、仇英，四人以山水畫和花鳥畫領導藝壇。清初有四王：王時敏、王鑑、王翬、王原祁，書法不脫古人規範，少有創作生機。當時另有反對因襲保守的畫家，以寫意爲主，在明代有陳淳、徐渭、在清代有八大山人、石濤。他們的畫品清新活潑，富於個性。清朝繪畫另一特徵，即西洋畫法融合中國繪法，開始者爲吳歷，最著者郎世寧，兩人都是天主教教士。吳歷爲明朝遺士，隱居山林，初習佛，後信天主教，獻身爲司鐸（神父）。葉廷琯《鷗波漁話》說吳歷「晚年作畫，好用洋法」。他用西洋畫法，在於山水畫的構圖，不完全同於宋元傳統處理，頗似西洋寫實的構圖法，遠近自然眞實。他的墨竹，功力甚深。郎世寧係義大利耶穌會修士，工於繪事，奉職宮中，作了多幅歷史事蹟，人物鳥獸畫，有中國畫的精緻工筆，有西洋的采色寫眞，所繪百馬圖著名於世，郎世寧在宮中教宮中國畫家用西洋法，同時在宮供職還有法國籍王致誠，波希米亞的艾啓蒙。王致誠有十駿圖，艾啓蒙有十駿犬圖。王致誠和艾啓蒙的畫法明顯的是師法郎世寧。

結　論

研究哲學的老病夫——我不是專門研究藝術的，關於美學，我是根據生命哲理的理論，講美學的實質問題，即美和美術的基本問題。生命哲學是中國歷代哲學的基礎，中國歷代的美學也是根據生命哲學。「生命」在中國歷代的美術中，常是基本點。美，是生命充實發展的顯示；美術爲生命充實發展的表達。美感——美的欣賞是生命的互應，產生於具有理智和情感的人心中。

美的根源，在於造物主的充實生命，造物主把自己的充實生命顯示在宇宙造物中，成爲自然美。人心普遍具有美感，可以欣賞美；有的人則具有表達美的天才，爲各種美術的美術家。美感和各種身心的快感不同，它是由生命的充實而來，每件美術品代表美術家在這方面獨特的發展，充實了自己的生命。中國歷代大美術家都生活在和普通一般人生活不同的環境裡，或是被迫生活在失意貧苦中，或是自願生活在幽靜的山中或鄉間。他們不爲人生俗事所絆，乃能敏感地體認美，而在表達美時，都必須有「氣韻生動」，生動代表生命。中國的美學要求美術品都該有生命，無論是人物鳥獸花草畫，無論是山水畫，無論是塑雕或歌劇，絕對不能呆板不靈，應該看來是活的。這一點就證明中國美學的根基是生命。

老病夫的我，爲寫美和美術，可以多用腦筋，爲寫中國美術史，則不能不借重於專書，故文中多引用別人書中的話，雖是因爲自己缺乏這方面的學識，但更爲避免自己隨便捏造。

註釋

❶ 李澤厚，美的歷程，元山書局，民七三年，頁二七。
❷ 美感與造形，（中國文化新論，藝術篇），頁一八二。
❸ 李澤厚，美的歷程，頁二七、二八。
❹ 美感與造形，頁一六四。
❺ 同上，頁三八一。
❻ 同上，頁二五四。
❼ 李澤厚、劉綱紀，先秦美學史（下），金楓出版社，一九八七年，頁二一三。
❽ 同上，頁一七〇——一七一。
❾ 李澤厚、劉綱紀，兩漢美學史，頁二二二。
❿ 同上。
⓫ 李澤厚，美的歷程，頁九九。
⓬ 參考中國名畫欣賞全集，華嚴出版社，唐前，緒論，頁五。
⓭ 同上，頁二。
⓮ 同上，頁三十三。
⓯ 李澤厚、劉綱紀，兩漢美學史，頁二四三。
⓰ 同上，頁二五四。

⑰ 參考蘇雪林，中國文學史，光啓出版社，一九七〇年，頁一三二。

⑱ 同上，頁一三四—一三五。

⑲ 同上，頁一五三。

⑳ 胡適，詞選，商務，頁七—八。

㉑ 中國名畫欣賞全集，唐前，頁五四。

㉒ 同上，頁六六。

㉓ 參考徐復觀，中國藝術精神，第三、四、五章，台灣學生書局。

㉔ 中國名畫欣賞全集，宋金上，頁一七—一八。

㉕ 同上，頁二二。

㉖ 參考李澤厚，美的歷程，頁一八〇。

㉗ 蘇雪林，中國文學史，頁二一六。

㉘ 李澤厚，美的歷程，頁一九四。

㉙ 中國名畫欣賞全集，唐前，頁八。

附錄：西洋美術思想

（摘取自羅光著士林哲學實踐篇）

一、古代美術思想

美術論既是近代的學術，各種主要觀念，尚沒有確定的意義；我們爲研究美術的本性，便應該把以往的哲學家，對於美和美術的意見，擇要研究一下，使我們能有一種正確的主張。

1.古代希臘的美術思想

甲、柏拉圖（Plato 427B.C.-347B.C.）

希臘大哲學家中對於「美」的觀念，特別予以注意的，要推柏拉圖。柏氏首先把「美」和「實用」和「善」分開，三者不同是一事。但是他不採納普通人對於美的意見，普通人以好看爲美，柏拉圖不以爲然。他主張美是觀念的美表。表是儀表，是威儀棣棣的外形美。即是觀念的威儀外表。觀念在柏拉圖的哲學裡，是先天的精神體。先天精神觀念表現於感覺的，能有一美表，便成爲美。

美，吸引人的感覺，激動人的感情，另外使人羨慕而生愛。柏拉圖對於美感的觀念，有似乎近代美學的觀念。

但是柏拉圖最看不起美術，也厭惡詩人。柏氏認爲美術爲模仿自然，自然界的物體則是模仿先天的觀念。觀念是獨立的，是實有的，世界的物體僅只是先天觀念的表現。自然界物體的價值，完全在於相似所有的模型觀念。美術既是模仿自然界物體，則是模仿者之模仿。因此美術的價值很少。柏氏主張在他的理想國裡不要有詩人。

柏氏鄙視美術的主張，後代學者少有贊成的；但是他主張美術爲模仿自然；這種主張在後代發生很大的影響。

乙、亞立斯多德（Aristotle 384B.C.-322B.C.）

亞立斯多德雖是柏拉圖的弟子，然而他有自己的哲學主張。他不贊成先天觀念說，因此對於美，他不以爲先天觀念的美表。他也不鄙視美術。但是他卻保留了柏拉圖的兩個美學觀念。第一，美是偏於感覺性的，但必定具有理想的內容；第二，美術是模仿自然。

亞立斯多德曾著《詩論》一書，共兩卷。一卷已經喪失了，餘下一卷，便不能代表他的全部美術思想。

亞氏主張美的要素，在於偉大和秩序。凡是美的物體，牠的分子的組織，必定互相融洽有秩序，而且具有光輝的外表。這樣纔能使人見到或聽到，發生愉快。亞氏這種主張，在後代成了美的規律。

美術的性質，在於模仿自然界的物體；自然界的物體，有質和理。質是物質，可見可聞，而又是實有的；美術予以模仿，不是模仿另一模仿者，乃是模仿原物。而且美術的模仿，不是呆板的仿效或抄襲，乃是作者理想應該如是，作者理想一事物時，不是憑空亂想，是按照自然界事物之理去佈置事物。因此詩劇中的人物，每人的個性，應該前後一次。詩劇的情理，既是作者理想所設置的，便能使觀者的精神，得一高尚的刺激，洗除卑污的情緒。

亞氏的美術觀念已經孕育著近代美學的因素。如作者應自造美術作品的人物，所造的人物還該有前後連貫的個性。

丙、伯洛丁（Plotinus 204B.C.–270B.C.）

伯洛丁為柏拉圖學派的鉅子，在美學方面，發揮柏拉圖的美學思想。

普通以美的要素在於物的各分子，各得其中，互相和諧。伯洛丁反對這種意見，因為精神之美，沒有分子，即無所謂和諧或得中，人一遇到美，心靈即生愛慕，心靈愛慕美的物體，必定是在美的物體內，找得和心靈相投之點。心靈為精神體，美物可以和心靈相投之點，便應該是精神性而不是物質性。因此美是精神性的，伯洛丁乃說美是理（Forma），理在一物體內，使物體各分子相合而有一致的外表，因能吸引人的心靈，出神欣賞。

美分精神和物質美。物質美藉光而有外表，光爲物質美的必要條件。精神美爲心靈的光輝。心靈本身，本是光明磊落，若是不被慾情所蔽，心靈自身常是光明。心靈光明即是美。美和善便同爲一事。心理的美，可稱爲明德。心靈越表揚自己的明德，越能欣賞精神之美。精神美之最高者，爲全善全美的造物主天主。天主乃一切美的根源，人的理性即導源於天主，人的心靈因著理性而成美。人的理性，若能欣賞天主時，人便得有幸福。

伯洛丁觀察美術，和觀察美一樣；美既爲物體內造成一致外表之理，美術便是物體的理想外表，或更好說是製造物體理想外表之道。一座石像之美，不在於石頭，乃是在於石頭的外表，外表又合於一種理(觀念)。

美術雖爲自然物體的模仿者，然而美術所模仿者，不僅止於自然界的物性，乃是直接達到自然物性的先天觀念。因此美術不是模仿者之模仿，不應被輕視。况且美術能夠補自然物體之不足。

美術之美，本是觀念(理)之美，是一種美理。美理由美術而施之於物質。物質承受觀念之美，不能完全承受觀念全部之美，承受的程度，看物質美化的可能性而定。物質美化的可能性高，承受美理的部份多；物質美化的可能性低，承受美理部份少。同時，當然要看美術作者的創造力若何。

2. 羅瑪的美術觀念

希臘哲學思想，傳於羅瑪，由羅瑪公教（天主教）的學者，繼續發揮，形成中古時代的士林哲學。希臘的美術思想，在羅瑪公教學者中，也有了繼續發揮的人。我們現在舉兩個最大的公教學者作代表。

甲、聖奧斯定（St. Augustinus 354A.D.-430A.D.）

聖奧斯定的哲學家思想，傾向柏拉圖學派。他雖不接受先天獨立觀念的主張，然而以天主所有觀念爲先天觀念。

造物主天主，全美全善。人受造於天主，相似於天主。人的本性便分有天主之美，人的動作也分有天主的創造力。當然，天主和人，並不同等，並不同性。人性之美，人性的創造力，只是相似於天主之美，相似於天主的創造力。

聖奧斯定曾著《論美》一書，書已失落。至今所有的，有《樂論》一書。

「美」，爲一切物體的特性。無論看來多麼醜的物體，本性也有幾分美。因爲物性常是齊全的；齊全之物，在本性上該是美的。再者，宇宙全體，結合奇妙，人皆稱美。一件看爲醜陋之物，從宇宙全體之美去看，也可認爲美麗之物。

美的本性，在於物體的完善點，或好處，爲人的理智所知，引人興趣，乃成爲美。

物體能成爲美的好處何在？在於物體內的分子，一統和融洽，物體分子能夠和諧。因爲分子有「秩序」及「中節」。秩序和中節乃是美的根基。但是　物成爲美，除「秩序」和「中節」以外，還該有「光輝」。若是物的秩序和中節，隱而不顯，仍舊不能成爲美。「光輝」便也是美的要件。光輝在物質方面，由光明和色澤而成。因此古代，常以美爲好看之物。

聖奧斯定以美術爲人的創造能力。人在創造美術時，有似天主創造宇宙，由於自己的智識和愛情而創造。因此聖奧斯定不僅以美術爲模仿自然，而以美術爲人心靈的創造動作。

乙、聖多瑪斯（St. Thomas Aquinas 1224A.D.-1274A.D.）

聖多瑪斯爲士林哲學的大師，他的哲學思想是傾向亞立斯多德的思想。在美學方面，當然隨從亞氏的主張，但是他也採取聖奧斯定的美學觀念。

美的全美，爲造物主天主。天主乃美的自體，其餘一切的美，都是分有天主之美。

美的本性，在本體方面，和「好」相同。物的本體常是完好的，物的本體的完好，便是美的理由。但「美」和「好」的意義，各不相同，好是善，善是人所欲取得的；美則是人所喜好欣賞的。善屬於意志的欲望，美則屬於理智的欣賞。

美的成份，爲物體的完好點。這種完好點是物體的「充實」、「勻稱」、「光輝」。[1]

「充實」，即是物理本形（Forma）完全確定，自成一「個性」。自然界的物體，在本性上常是完整的。人造的物品，則不一定常能使物品的物理，完全表現於物品中。一物當有的物理，沒有完全寓於物中，此物必不能成爲美。

「勻稱」，第一表示物體在構成上和在動作上，各分子保持勻稱。第二又表示物體和周圍的物體，也保持勻稱的關係。

「光輝」，表示物體對外很顯明，物體有光輝，則能將物體好好表現於外。一物表示自己不表示明顯，則不能爲美。

人爲欣賞美，用理智，又用視覺和聽覺。但是別的感官雖不直接用爲欣賞美，卻能助理智以認識美。

美術，在廣義方面說，美術是術，即是善於作物之道，美術的主因，在於人的理性，人由人的智識和愛情所發動而後有美術之動作，人行美術，還是用自己的理智。美術因此不能是反理性的。

人爲創造美術，常模仿自然。美術模仿自然，不是呆板的模仿，乃是創造性的模仿。人對美術所有的創造，根之於有創造性的觀念。美術的觀念，不是純理性的觀念，乃是可以創造物品的觀念。美術品是否完好，不從美術作家方面去評論，是從作品方面去評論。但是作家自身的美術動作，不能脫離倫理的範圍。

二、近代的美術思想

中國的美術思想，在原則方面，古今一致。我們前面所引的話，有許多是後代理學家和文學家的話，但是所代表的思想，都是中國經書的思想。後代學者，對於美術所有的新主張，則是關於技術方面的作法，例如作畫的畫法，作詩的聲韻。中國美術的哲學思想，因此可以視爲中國的美術思想。

世界的近代美術思想，則可由德國哲學家包加登說起。包氏創美術論的名詞，爲系統地研究美術理論的第一人。

1. 形上學方面的美術論

甲、包加登（Baumgarten 1714A.D.-1762A.D.）

包加登分人的智識爲兩種：一種爲論理的智識，一種爲美術的智識。論理的智識是理性方面的智識，一切都按論理的原則，有觀念，有評判，前後有次序，線索分明。美術的智識，是感覺的智識，用的是想像。美術的理論觀念用想像而具體化。美術用想像不按倫理的原則，不用推理的線索。美術的智識，常是籠統不清楚。

美術的智識，既是感覺的智識，便在論理的智識以下。但是美術的智識，是獨立的思想，不因著理論而後有價值。同時美術的原則，不是修辭學和作文法的技術原則。美術論爲一學術，美術論的原則，使感覺智識，完善無缺，成爲美。

美是完善的感覺智識，感覺愈活潑，愈顯明，感覺的智識也愈完善。感覺的智識達到了完善的程度，便是美。

乙、維各（Joannes B.Vico 1668A.D.–1744A.D.）

維各為義大利思想家，頗有現代科學之思想。在美學方面，和包加登相近。維氏分智識為觀念智識和想像智識。觀念智識為哲學，想像智識為詩歌，哲學以思索為主，詩歌以感情為主。

詩歌的起源，起自初民的感情。初民的理智很簡樸，有如小孩。初民感情被激動時，便借想像的故事，把感情表現出來。表現的結果，便是詩歌。詩歌的特性，在於眞摯，在於坦白。詩歌既由想像而成，想像的故事，不是實際的故事，乃是人的創造力所造。因此詩歌美術，重想像，重情感，重創造。

丙、康德（Immanual Kant 1724A.D.–1804A.D.）

康德的美術論，包含在他的《判斷力批判》哲學中。判斷力批判不是純理性哲學，而是實踐哲學。

康德分判斷為兩種：一為決定的判斷，一為反省的判斷。反省判斷又分為兩種：一為神學判斷，一為美學判斷。反省判斷，「乃在自然中，由別上溯至於共，故需有一原理，不能假之於經驗者。蓋此種判斷，乃由所與之特殊事物，而求包括此種特殊事物之一般概念者，故反省判斷，表示指導原理，而決定判斷，表示建立原理。……反省判斷，乃吾人自己對與某種事物所附與之態度。決定判斷，只是表示某種事實之關係，而反省判斷，則表示對於其事實之價值。」❷

神學判斷和美學判斷，都由自然界的目的，觀察事物。神學判斷所觀察者，爲自然界的特殊事物，從最高指導的理智，賦有一致性的目的。美學判斷則由情感方面，觀察事物。情感所觀察者，爲先天賦予感覺以一致目的之力。

美學判斷的情感，爲趣味。當人對著一事物，感到愉快，人有愉快，乃是事物對象適合於人的感官。因著愉快，乃有趣味，趣味的判斷即是美。

美的判斷，並不指示對象中有客觀的特性，也不表示原則性的智識，乃是人對於一對象直接感到愉快。這種愉快的趣味，代表一種一致的目的性，即是一種對象和我們的感官互相適合。

美學的趣味，具有四種特性。㈠美的趣味，不含利益之情。人感覺美的愉快，不是因爲事物對於自己有利益，乃是美術的對象適合於感官。㈡美，不用觀念作代表，不由觀念去表現。但是美的愉快，不像別的趣味，別的趣味，各人的判斷不同，美的趣味，則人人相同。美的一致性，不是客觀的，乃是主觀的。㈢美的目的，不用形式，表現出來，只包含在美以內，因此可說美是沒有目的。「趣味判斷，以一事物之目的性之形式爲基礎，故美爲一事物之目的性之形式，而卻不以一目的之表現，而能覺知此美於此形式之際者。」❸㈣美，是不用觀念而能知，爲必然趣味的客體。美，雖沒有觀念，但是每人對於美，必然地感到趣味。所以每人對於美有同感，因爲人有一種「公共感覺」（Sensus Communis）。

康德又討論「大」，（「壯美」「崇美」。）孟子曾把美和大，分爲兩事。美爲充實，大爲充實而有光輝。康德以美爲對象適合感官，人乃感到愉快。「大」或「壯美」（Sublimis, das Erhabane）則是大於人的感官，使人感到驚喜，感到畏懼，又感到敬服。美是形式美，「大」則是反乎形式，出乎形式以外。

美術，爲美之表現，爲人的創造品。爲能稱爲美術，應該是自由動作的作品，鳥搆巢，巢無論怎樣美，不能稱爲美術。在人的自由動作中，美術是自由中最自由的。因爲美術不是求利謀生的職業，美術是沒有目的，美術的目的，在於自身。美術之美和自然之美不同；自然之美爲美物，美術之美，則是物的美表現。物的美表現，以表現之美爲美，故自然界的醜物，只要表現得美能成爲美術。

美術的動因，爲天才，天才爲天賦的本領，用以規定美術的軌則。天才的特點，第一爲創造性，天才創造美術。天才在創造美術時，不依預定的軌則，就連自己也不知道爲什麼要這樣創造，然而天才的作品，則爲他人的模範爲他人的軌則。因此天才的第二特點，爲模範性。第三特點爲軌則性。

美術的分類，康德區分爲三類：第一、語言美術，爲詩文，爲雄辯。第二、形態美術，爲圖畫，爲建築，爲彫刻。第三、感覺遊戲美術，爲音樂，爲彩色染織。在三類美術之中，以詩歌爲最高，音樂次之，畫又次之。其餘各種美術，都在這三種以下了。

謝林繼承康德的美學思想，進而走向絕對超現實的唯心論。康德以天才爲美術的動因，謝林以人性爲美術的根基。

丁、謝林（Schelling 1775A.D.-1854A.D.）

人性的意義，按照謝林的主張，爲「有心」（Conscius）和「無心」（Inconscius）的相交點。「無心」是人的理智力，理智遇物即能認識。在認識時人的理智，反省到自身，自知有認識，乃成爲有心的智識。實際無心和有心，同是一事，同爲人性的表示。

無心和有心，同是一事。這種現象的表示，即是「我」，我自己在反省時，知道有「我」。美術則是表現無心和有心同是一事，而且是這種表現中，最高的表現。在理智推理時，「我」只知道反省的有心之我，對於無心之我，則不注意，且幾乎給無心之我，不留餘地。在美術中，是無心之我，直接流露。因此天才在創作美術時，自己也不知道所以然，創作是自然而成，自己也不知道解釋。但是同時自己對於創作是有心的行動，自己知道是在創作。這種現象，在人的精神動作中，代表無心之我和有心之我，一種最高的結合。在這種結合內，泯滅本體界無心和有心的一切衝突，造成圓滿的和諧。

在美術中，「無心之我」的流露越高，「有心之我」的流露則越低，美術品的內容也更深，可以世世受人欣賞，「有心之我」的流程很高的美術品，不是天才的作品，而是反省所成的雕蟲小技，內容淺薄，不能使各代的人對之有所會意。

天才，是美術的最高主人翁。在美術中，只有天才可算是實在的。天才超出一切技巧以上，自己創造美術，自己決定美術的軌則。天才在美術家本身方面，是創造理智，爲美術家的第二天性，天才的作品，爲人精神動作的最高產物，具有一種無限性。

「美，」便是「無限的」。用有限的形式而表現，或者說有限的形式所表現的「無限」。謝林所說的美，是唯心的觀念美，因此宇宙間自然界的事物，不一定都是美。

戊、黑格爾（Hegel 1770A.D.-1831A.D.）

黑格爾的哲學，以絕對觀念爲唯一實體，絕對觀念具有內在之德，按照正反合的辯證方法，繼續變易。絕對觀念的變易，第一、是自己表現自己，爲主觀精神，成爲每個單體所有的意識。第二、是把自己放射在自己以外，成爲客觀的精神，於是便有社會的各種組織。第三、是重新歸向自己，把主觀精神和客觀精神結合爲一，乃有精神的最高的一統，於是便有美術，宗教，哲學。

美術所以是最高一統精神的第一步。在美術以內，精神第一步綜合我和非我。

「美」，按照黑格爾的主張，爲觀念的形色化，在觀念本身上說，美和眞理相同爲一，因爲都是觀念的特性。從觀念的本性上說，觀念爲眞；從觀念在形色方面的表現上說，觀念爲美。觀念的本性，是公的，是大同的，是普遍的，眞理因此是公的，是普遍大同的。形色受感覺的限制，美的表現乃是個性的。

美，既是觀念的形色化，第一，有自然界之美，自然界爲絕對觀念的第一種形色表現。但是宇宙自然爲觀念的放射體，沒有反省意識，沒有自由，自然界之美，因此不能是美的模型，而且在美術之美以下。自然之美，所以能有意義，有價值，是因爲包含精神和觀念的關係，然而這種關係乃是無意識的。美術之美，則是直接表現精神，而且是美術作家有意識地表現精神。

自然界之美，以光，以色，以形態，表現精神。這種表現，另外在生物和人的身體上，看來最調協，最顯明。人的身體有似乎一盞明燈，人的心靈在身體的明燈裡，光輝四射，但是自然界之美，因著物質物都具有限制和缺點，絕對精神常不能好好表現自己，更不能自由表現自己。惟有美術之美，纔能讓精神自由表現出來。

美術之美，爲精神的產物。精神因著自己的德能，尋求表現自己的方法，於是乃產生美術。精神在表現自己時，衝破具體上每個單體的本性所加的限制，回歸於自己無窮的精神性。因此美術作品的意義，超過時間和空間的限制，無論在何時何地都保有自己的意義。同時美術作品因爲是精神的表現，美術作品較比任何形色物體更爲確實，更爲眞理。

美術爲表現精神，所用的是想像，構成美術的想像，不是重視知覺印象的想像，乃是創造的想像，創造想像是以觀念爲主，隨著觀念而造具體的形色印象。觀念爲美術的內容，形色印象爲美術的外貌。美術作家爲創造美術，並不是毫不費力，自然而成；必定事前對於人生各種觀念，深加研究，而對於願意表現的觀念，也深加思索。凡是高尚的美術作品，必是經過高深的研究和思索而後纔成的。

按著觀念表現的程度，黑格爾劃分美術的時代和種類。美術依照黑氏的主張，劃分爲三代：第一時代爲象徵美術，觀念所有的表現很籠統，很迷濛，外形趕不上內容。這種美術爲古代美術，如印度、埃及、中國的美術。第二時代爲曲型美術，觀念的表現，在形色上取得適合的形態，外形和內容相調協。這種美術，爲文藝復興以後的美術，色澤和形態，都很鮮明，有尺度。第三時代爲浪漫美術，主觀的內容過多，客觀的外形不足，因此主觀超過客觀，內容超過外形。這就是近代的美術。

黑格爾又分美術爲三類：第一類爲建築。建築爲美術之下乘，因爲建築爲表現觀念，所用的材料爲粗重的物質，所用的形式爲幾何線。建築乃是象徵美術。第二類爲彫刻。彫刻爲表現觀念，雖用粗重物質，但所用的形式，則是人物的形式，較比建築爲高，可以說是典型美術。第三類爲繪畫，音樂，詩歌，這第三類美術爲表現觀念，用光，用色，用聲音，用語言。這些工具都是超於物質的，因此這類美術，稱爲浪漫美術。

2. 心理學的美術論

近代美術論，從科學思想發達以後，便由本體論的美學思想轉向科學的美學思想，另外是從實驗心理學興盛以來，美術思想和心理學思想，結成一線；美學上的許多問題，都由心理學方面去解釋。有些學者甚至於把美學作爲心理學的一部份。這種主張，我不贊成；但是美學的問題，和心理學很有關係，這是誰也不能否認的事。由心理學方面研究美學的學者，對於美學，貢獻了許多有價值的思想，這也是不可否認的事。

甲、美術為生理的要求

A 美感的生理方面的感觸

主張這種學說的學者，爲德國獲克能爾（Gustav Theodor Fechner 1801A.D.-1887A.D.）。獲氏爲自然科學家，長於心理學，也自有哲學主張。

獲氏在心理學上，開實驗心理學之先聲，研究色味對於感冒的刺激。因此他認爲美感，乃是外面的刺激和感官的反應，彼此相互的關係。這種關係，可以按自然科學的方法，用數字去表示。他反對抽象的美學，由原則往下；他主張由下往上的美學，由美感的實驗，所得的成績，再談美術原則。獲氏的美術論，完全爲實驗心理學的實驗方式。

B 美術爲遊戲

這種主張，創自斯賓塞。斯氏主張人在生理方面的精力，除日常生活所消耗以外，尚有剩餘的精力，這種精力，流露爲遊戲。在遊戲之中，美術爲最高。美術便是人所有剩餘精力的表現。

在遊戲之外，人只求消散自己的精力，並沒有特別的目的，不爲利，不爲名，只爲自身舒暢，感到爽快。美術的動機，即是遊戲。遊戲以小孩的遊戲最爲天眞，小孩的遊戲，富於象徵性，富於超現實的理想性，而且富於想像。這幾點也就是美術的特性。再者，在遊戲中，無論大人小孩，都有心或無心地尋求心理上和生理上的平衡，使心中感到舒適。美術的意義也是在於人的技能，得到平衡。

有些心理學者，特別研究小孩和美術家的相似點。❹法國當代大哲學家柏格森也稱讚美術家的心理和小孩的心理，同是脫離現實生活，以純潔無玷的心情和方式，表現人生。

乙、美術為移情作用

「移情作用」是德國美術論學者委捨爾（F. Th. Vischer 1807A.D.−1887A.D.）❺所創。委捨爾的美學，本是繼承黑格爾的美術論，以美術爲精神在正反合的變易過程中，精神連合正反的表現。黑格爾以美術爲精神第三變易的第一步，委捨爾卻以爲第二步，第一步爲宗教。

委捨爾美學的特點，在於創「移情」一辭。移情即是「以己之心，推人之心。」自然界的物體，本是無心無情，美術家卻以牠們爲有心有意。「移情作用，是把自己的情感移到外物身上去，彷彿覺得外物也有同樣的情感。這是一個極普遍的經驗。自己在歡喜時，大地山河都在揚眉帶笑；自己在悲傷時，風雲花鳥都在歎氣凝愁。惜別時，蠟燭可以垂淚；興到時，

青山亦覺點頭。柳絮有時輕狂，晚峯有時清苦。……從這幾個實例看，我們可以看出移情作用是和美感有密切的關係的。」❻

丙、美術為慾情昇華

奧國心理學家福洛益特（佛洛伊德）（Freud 1856A.D.–1939A.D.）創慾情昇華論，以人的心理動作，多受性慾的衝動。性慾的衝動在人有意識時，不能盡量發展，於是轉於下意識中，由下意識再又升到意識中，借用他種方式以表現。慾情乃變爲他種高尚的精神活動，如捨身救人，如宗教熱忱，如美術。

美術，因此是性慾變相的表現。美術的內容，因此多半是男女的情事。美術作家在創造美術品時，下意識中的慾情昇華爲美感。美感乃是慾情一種變相的滿足。

丁、美術的美感，為人的獨立認識官能：「直觀」，「潛意識」

凡是研究美學的人，對於美感都應當予以解釋。古代和中古的哲學家，大都以美感爲理智和感官合成的知識，不是一種認識官能的單獨動作，也不說是除理智和感官以外，另有一種美感的認識官能。

第十七世紀時，有些哲學家，如賀墨（Home），黑爾持爾（Herder），百頡利（Berkeley）等，以美感，是視覺和聽覺所成。其餘的嗅覺味覺觸覺，不能發生美感，因此視覺和聽覺被稱爲高等的感覺，但是黑爾特爾卻又主張觸覺也能發生美感，因爲觸覺可以知覺外形的形狀。

近代的哲學家和美術論者，一方面因美術家在創作時，似乎被一種靈感的衝動，不加思索，自然而成。美術家當美術品還未完成以前，在自己腦中，已經看見了美術的全形。因此美術家的靈感，是一種「直覺」，是一種「直觀」（Intuitio）。直觀是不可思議的，是不可理解的。另一方面，欣賞美術作品時，欣賞者也不能憑理智憑感覺去欣賞，應當也用直觀。主張直觀的哲學家，爲當代法國大哲學家柏格森。

爲解釋靈感的直觀，心理學家又創「潛意識」。

「甚麼叫做『潛意識』呢？我們的心理活動不盡是自己所能覺到的。自己的意識所不能察覺到的心理活動，就屬於潛意識。……在通常健全心理中，意識壓倒潛意識，祇讓牠在暗中活動。在變態心理中，意識和潛意識交替來去。牠們完全分裂開來。意識活動時潛意識便沉下去，潛意識湧現時，便把意識淹沒起。靈感就在潛意識中醞釀成的情思，猛然湧現於意識。」❼

欣賞美術的人，便不能拿著理智推論的各種原則，去分析美術品。美術品既是潛意識所湧現的情思，怎麼能拿意識的理智去分析呢？欣賞美術只能「以神會神」地去體驗。

近代美術思想，前半期，以康德、黑格爾等的唯心論美術思想爲盛，後半期則以心理學的美術思想爲盛。唯心論爲形上的理論，心理學則是實驗科學的假設。

3. 社會學的美術思想

社會學爲近代的學術產物。開始時，因著生物進化論的影響，社會學者只研究社會的進化史，後來逐漸發展到社會組織和社會生活，社會學的範圍，乃日漸廣闊。有些學者，便從社會學方面去觀察美術。

(A)近代美學家如唐能（Taine 1828A.D.−1893A.D.）❽，以美術爲社會環境的產物。美術作品的成因有三等：(一)種族，(二)社會和自然環境，(三)時勢。這三種因素爲美術的必然因素。美術作家的個性，僅在美術的技術和作風上，表現出來。

(B)布魯東（Proudhon 1809A.D.−1864A.D.）爲法國思想家，他反對「美術爲美術」的論調，主張美術本身含有社會性。美術的性質爲慾情和愉快的動作，應該按照社會法律和經濟的目的而動；美術的價值便在於提高社會道德。

(C)桂約（J. Guyau 1854A.D.−1888A.D.），號稱社會美術論的創始人，桂氏主張一切思想問題，都應以社會爲觀察點。一個單人，本身無所謂價值。單人乃是社會的一因素，單人的價值，完全在於社會的關係。社會關係有兩項基本原則：第一、彼此團結，第二、公益。美術本爲個人的活動，但是美術的目標，則在於勝過私人的界限，以社會公益爲目標。美術天才，在美術作品內，能結合各種不同的因素，使各種因素互相調和，互相和諧。美術作品在欣賞者所引起的反應，第一是生理方面，感官所有的刺激；第二是心理方面，情感所有的刺激。美術所激起的情感，在於對於美術所表現的人物，表示同情，表示憤慨，表示感嘆等等。這些感情，是社會感情，即是社會同情。個人美術論，只是下流的美術作者的思想。

(D)馬克斯　馬克斯的共產主義，主張唯物辯證論，第一、否認精神的存在，以理智的思維爲物質長期進化的結果；第二、以社會人生的一切活動，都用爲無產階級的鬥爭。因此美術被認爲唯物辯證法的一種方式，結果也就成爲無產階級鬥爭的工具。美術家既不能自然發展思想，並且不能逃脫共產黨所製造的美術政策。美術完全變爲共產黨的政治方策之一，於是產生所謂平民文學，無產階級的革命藝術。

三、現代美術思想

在哲學思想方面，現代哲學思想和近代哲學思想，很難分別清楚。思想既不能用時代去劃分鴻溝的界線，而且後期和前期思想常相連接。但是思想的變遷，必定沿著時間往前進，研究思想史的人，不能按著時代去分段研究。我們於今講述現代美術思想，我們用意在講廿世紀的美術思想。美術思想既是哲學思想的一部份，當然和現代哲學思想一般的趨勢相連。現代的哲學趨勢，有兩項特點：第一、反對系統化的原理，注重解決每項問題的學說。第二、反對過份科學化的實徵主義，重復回到形上學的本體論。但是因爲反對系統化的學理，只就每個問題的研究，於是以每個事物的個性爲本體，使形上的本體，分化爲個體的偶然成份，形上學變成了具體的現象論。

現代的美術思想家，有少數人繼承前代的唯心論的美術思想和士林哲學的美術思想。然而多數人則從美術的現象去研究美術，造成貌似形上學而實非形上學的美術思想。再者，前代美術思想，爲哲學的思想，在各種美術的趨勢上，影響不大；現代美術思想多爲美術家的哲學，造成美術的新趨勢，結成美術的派別。

1. 唯心的美術論

義大利現代哲學家克羅采，以美術論著名於世。克羅采（Croce 1886A.D.-1952A.D.）在美學上，自尊意識與謝林爲師，然而他和黑氏、謝氏的美學思想，顯有不同。

克氏美術學的主要點，在於以美術爲「直觀」智識，同時又以美術爲精神的表現。克氏主張「直觀」（Intuitio）就是「表現」（Expressio），兩者是一物的兩面。

A 美術爲「直觀」

美術既不能是一種物理性的活動，又不能是一種觀念性的活動，美術乃是一種「直觀」。

「直觀」是什麼呢？人的智識有兩種：或是論理的智識，或是直觀的智識。論理的智識是理智的智識；直觀的智識，是想像的智識。理智的智識，講求事物的普遍關係，結果產生普遍的公共觀念。直觀的智識，講論單體和個別的事物，結果產生想像。[9]

「直觀」雖是想像的智識，然而不是感覺的活動，而有精神的活動。直觀既不借助於觀念，也不借助於感官。「直觀」乃是精神在自身以內，觀看自己所有的想像。這種想像來源是來自感官的知覺印象，於今重現在想像以內。然而這種重現不是機械地重憶昔日的感覺，乃是經過精神的整理，有系統地、有次序地表現出來。這種直觀就是美術。

因此直觀是想像的產生動因。想像在本身上說，是無系統的，是隨外物的聯繫而互相呼應。直觀則造生靈活的想像，靈活的想像纔稱爲美術的想像。使想像靈活，取得同一的生命的爲感情。感情包含在美術直觀之中。美術的直觀，所以是感情的直觀。

B 美術的表現

「直觀」的想像，不是機械式的聯繫想像，乃是創造想像。精神創造想像，是在表現自己。因此精神在直觀時表現自己，在表現時即有直觀。

直觀的表現，不是人心理方面的直接表現。譬如人痛苦時流淚，人喜樂時歡笑。這種心理的直接表現，是情感的直接表現，不足稱爲美術的表現。美術的表現，是在感情經過精神的觀賞以後，予以表現的形式，而表現於創造之想像中。美術的表現，爲精神有意識的動作，也是精神的自由動作。

C　美術的表現，不在於外面的形式，而在於語言

美術的表現，成全於作者精神之內。美術家在作畫或作詩時，心中已有全畫或全詩的意像，自己「直觀」這種意象。作家直觀自己所有美術意象，作家在美術意象中已表現了自己，美術之成，成之於人精神之中。

普通的美術品，如繪畫、彫刻、建築、音樂等，在作成以前，先已成於美術家之心中，即美術品的顏色、線紋和音節等，都早已成於美術家之心中。美術家以外在形式，把心中所有的表現出來，在表現於外時，外面的表現不常和內心的表現，完全一致。有如中國人常說辭不達意。況且在學理上，內心的想像是精神的表現，沒有物質的形色，因此不能由物質的形色去表現。

但是在普遍的精神動作上說，精神都要求用外面的想像去表現。美術家乃用外面的物質物去表現心中的美術想像。然而外面的美術品不是美術，美術是精神的直觀。

人爲表現精神所用的外在形式，最初又最普遍的爲語言。語言在本身上說，不是倫理的，是想像的。語言的意義，即在表現人的精神。因此若把語言的意義放大，作爲象，把語音、手式、面態、圖表都包括在內，語言便是表現，語言表現的美術，爲詩。詩代表語言，語言代表美術，反過來說美術爲表現，表現爲語言，語言爲詩，四者，同爲一事。這種所謂之詩，不是狹義之詩，代表「象」所表現之美術。美術在理論上說，只有一種，在實行上，美術分

成多種，只是技術問題。

2.形式的美術論

形式的美術論，指的注重美術外在形式的美術論。普通學者常以美術包含兩部份：一部份爲內容，一部份爲形式。古代形上學美術論和近代心理學美術論，都偏重內容，以美術表現觀念或精神。現代美術論的趨勢，大皆反美術的內容，而偏重美術的形式，因爲不承認形上的眞理，又不贊成系統的美學，他們乃主張美術之爲美術，在於美術自身。美術自身則是外面可見的形式。因此美術之美，是美術形式。可是對於形式之美，現代美術論家的觀念，和以往的觀念又不相同，況且現代美術論家彼此的意見，也多分歧，因此現近美術思想很爲混亂，同時現代的美術品，也多奇形怪狀。

甲、主觀表現論（Expressionismus）

主觀表現論，起於德國，約在一九一〇年至一九二〇年之間。十九世紀末葉，歐洲繪畫的趨勢，盛行「印象派」（Impressionismus）印象派的思想，尚是繼續歷代「模仿自然」的思想，但已多加了主觀的成份。印象派的主張，在於對常在變動的自然，攫取一刻的印象，把這種印象發表於外。廿世紀初年因著尼采的絕對消極思想和易卜生的社會革命戲劇，又因著祁克果的悲觀存在哲學，再加以第一次大戰的痛苦，德國思想家遂深厭現實的人生，乃反對「印象派」美術，主張「主觀表現論」而造成「表現派」的美術。

主觀表現論，不僅反對當時盛行的印象派，而且反對一切的傳統美術觀念，和一切的傳統美術形式。美術完全由美術作者自己，創造表現的形式，而表現的形式和表現的內容所有的關係由作者任意指定，因此繪畫彫刻多爲奇形怪狀，詩歌音樂多爲暗昧迷糊。這派的理論家有巴爾（Hermann Bahr），厄西米特（Kasimir Edschmid）等。廿世紀前期，德國畫家、彫刻家、詩人、戲劇家，多爲這一派的作家。

乙、立體派（Cubismus）

立體派產生於巴黎。當一九〇八年畫家布拉克（George Brague）在巴黎舉行畫展，法國現代畫家馬提斯（Matisse）鄙視布拉克的作品，批評他是「立體畫」，於是這個名詞，後來成了這派畫的名稱。「立體派」的特徵，在於以美術的形式，能夠脫離內容而獨立，美術形式的因果，應爲形式中最簡單者。繪畫形式，最簡單的因素，莫過於幾何畫的點線。因此立體派主張以幾何的點線，代替顏色，以空間表示時間。立體派的畫乃常爲幾何圖形結構所有；又在圖形結構之中，常是多層圖形互相重疊，代表事物在時間上的移動，這派畫的最著名代表作家，爲現代大畫家畢加索（Picasso）。這派的理論家，則爲亞波里耐（Guillaume Apollinaire 1880A.D.-1918A.D.）。

亞波里耐以點線比配音樂的聲音，聲音有構成音樂的價值，點線也有構成圖畫的價值。

點線爲象，點線所成的圖形也是象，可以作爲表現作者的語言。幾何立體畫，遂以這種學理爲根據。

丙、未來派（Futurismus）

未來派是繼立體派而起的，也是立體派的繼承人。創未來派者爲義大利馬里耐提（F. T. Marinetti 1876A.D.–1944A.D.）

未來派的美術論不僅爲繪畫，而是包括各種藝術。這派的主張，以美術成於感覺的物質因素。感官的美感，不僅是視覺聽覺和觸覺，其餘味覺嗅覺都可有美感。這些感官的對象都是物質性的色，聲，香，味等等物質因素，因此色，聲，香，味等爲美術的要素。爲加增美術之美，於是便該加增這些因素的質量。未來派乃主張在一張畫中，盡量用各種顏色；在一曲音樂中，盡量用各種聲音，其餘各種感覺物質因素也同樣應用。至於各種感覺物質因素的調合，則由理性按著理則學原則去調節。詩中的語言，不用文規，只用音節去聯繫。因此未來派一方面以美術爲極端感覺性的，一方面又以美術爲極端理智性的。在自己的主張中，自相衝突。歐洲現代的美術，多爲這一派的產物。

3. 輕視形式的美術論

在現代混亂的美術思想裡，最近的幾派主張越來越離奇。表現派、立體派、未來派，以作者爲形式的主人，任憑自己支配，不守一切客觀的原則。最近起來超寫實派則以形式完全沒有意義。美術所重的只是所願表現的精神活動。又有抽象派的美術論，更以美術沒有形式和內容，也沒有所謂表現，只有美術的因素，具有自己的意義。

甲、超寫實派（Surrcaismus）

「超寫實派」起於一九二四年。在這一年法國思想家布肋東（Andre Breton）正式公佈超現實論的宣言。一九三〇年，布氏再公佈第二次宣言。

超寫實派的美術論，主張美術應是人的精神活動之直接表現。美術爲表現人的精神活動，要追溯到精神活動的根源，以這種內心的根源爲基礎。直接照原樣把精神活動表現於外，不要經過理智的聯繫，也不要藉用時間和空間去佈置。人的精神活動，靈活變化，絕無拘束；精神活動的表現便不受任何理則和道德的範圍。精神活動看來似乎雜亂無章，然而在精神上各種不同和互相衝突的活動，都能相合於一，泯滅一切的界限和衝突。實際上相衝突的事，在我們想像裡我們儘管可以把它們連合爲一。美術因此是精神活動最高的表現，在美術內不同者相同，衝突者相融洽。因爲美術家在美術上所見的，只直觀各種事物的「有」，而且直觀「純淨的有」，絕對不帶外面的附加條件。在「純淨的有」上，總合一切，造成絕對的大同。

這種主張在美術上的成績，是一些完全不能解釋的繪畫。

乙、抽象派（Abstractismus）

未來派的美術，形式和內容脫離，美術家是形式的主人，較比立體派更不重內容。超寫實派則完全不重形式，任憑美術作者運用任何形式，去代替一種精神活動。兩派主張的立場雖不同，結果則相同。參觀兩派美術作品的人，都要費心思索作者所願表現的精神活動，研究他們創作美術的觀念。但是，無論這兩派的美術論，怎樣把形式和內容分離，牠們尚保存內容、形式的名詞，尚以美術爲表現；最近的抽象派美術論，則把內容、形式、表現等等名詞，一概除去。美術已不是觀念的具體化，也不是感情的想像化。美術不是表現，美術即是美術。任何他一派的美術主張，都把美術分成兩部，形式和內容，美術的價值，在於以形式表現內容；雖然或重內容或重形式，各派所重者不同，然而常以美術爲表現。抽象派主張美術不包含兩部份，美術也不是表現，美術的各種因素，就具有自身的價值，就是美術。音樂的聲音，每個聲音自己具有價值，並不在於代表感情或觀念而得價值。一曲音樂的聲音，都可分開。聲音分開後，不失爲聲音。同樣每張畫的顏色和點線，也可以分開，顏色和點線也各自具有價值。

美術作家在作美術時，心中應絕對空虛，不要有任何觀念，不要想表現什麼。寫聲符，就是寫聲符，畫點線或繪顏色，就是畫點線顏色，除此以外，不另有任何的目的。美術的意義在於聲音、點線、顏色的自身，不在於表現別物。

抽象派的理論家，有剛定斯基（Kandinsky），馬肋尾西（Malevitsch），孟里安（Mondrian）。

4. 文學家的美術論

現代世界文壇著名的詩家和小說家中，有幾個文豪詩人，除自己的文藝作品，代表一種新的派別以外，本人還在文藝美學的理論方面，特別發表了主張，造成一派文藝的趨向。對於這種文藝理論家，我們也選四人作代表。即撒爾忒爾（Sartre），克樂德（Claudel），瓦肋里（Valery）厄里阿（Eliot）。

甲、撒爾忒爾（Sartre 1905A.D.-1980A.D.）

撒爾忒爾爲法國目前文壇的怪傑。他本是「存在論」派的哲學家，但以寫小說和戲劇出名，也是以文學而列席「法國學院」。

撒氏的哲學注重一「無」字。他以每個單體之「有」，是沉在「無」之中。現代哲學把「有」說成了表現，他否認「有」能分爲表現和本體兩部份。「有」即是「有」，然而「有」的本體則是無。因爲「有」可從兩方面去看有「自身之有」（Esse in se），有「爲自己而有」（Esse per se）。自身之有，爲塊然之有，不靈不意識，因此是無。駕著塊然之有而跳到意識之有，是憑藉意識，意識之有乃是爲自己而有。然而意識中所有者，是有我個體。

個體是從塊然的無中劃分出一個「有」來，好比從大塊而劃出一小塊。可是劃分是說「我不是他」，是一種消極的否認句。否認是說「不是」，「不是」等於「無」。於是「爲自己而有」也是無了。人的自由，本是意識的成因；人以自由而劃出自己的個體，自由也是無。[10]

撒氏的文藝理論，以宇宙社會爲塊然無靈之無。宇宙社會塊然無靈之無，即是黑色的淫污，每個人在淫污的大海裡有時劃出自己的個體之有，但又沈之於淫污之無。撒氏自己的文學作品，便充塞了淫污。

乙、瓦肋里（Paul Valey 1871A.D.-1945A.D.）

瓦肋里爲法國現代第一大詩人。他對美術的主張，根據法國詩人阿拉爾墨（Allarme）的思想，以美術爲經過作者製造的客體，脫離作者而獨立。美術作家要犧牲自己而成一美術品，美術品乃成爲精神作品，而且成爲精神的創造品。自然界的美，不是創造的美，各種因素互陳於時間空間之內；美術之美乃是由精神將各因素，有意識地調協而成。美術家創造美術時，他的精神傾向於絕對和無限的目的，力求打破時間和空間的限制。因此，瓦肋里的詩，辭意朦朧，每句話的意義，常異乎尋常。在聲調和形式方面，則力求調協，有「天衣無縫」的特長。人家批評瓦氏的詩爲「天衣」派（Ermetica）。

丙、厄里阿（Thomas S. Eliot. 1888A.D.-1965A.D.）

當代英國的大詩人厄里阿，有如法國詩人瓦肋里，對於美術自有主張，厄里阿主張詩歌的精髓，不是感情，乃是理智。詩人作詩，本人的感情，對於詩無關重要。詩人的感情，在詩中爲能取得價値，應該表現於所歌韻的情景中，這些情景，則代表精神傾向絕對目的之活動。厄里阿的詩，於是注重內容，多帶理智的哲理，近於哲理詩派。

丁、克樂德（Paul Claudel. 1868A.D. −1955 A.D.）

克樂德爲法國當代一大詩人和戲劇家，曾著《詩論》一書⓫，發表他對美術的主張。克氏謂美術家宜認識時間，認識自己。時間是生命的意義，生命即是活動，隨著時間向前，生命便到止點，止點爲死。生命在時間之中，便常感到止點，便向無止而常存的天主，時刻表示敬禮。人的知識，不是引人向物，是引物向人。人在認識物時，給塊然之物，一種精神的形態。人因認識世界和自己的止點，乃傾向無限的天主。克樂德便自己認爲負有挽救現代思想混亂的使命，要引現代思想歸向天主教的信仰。克氏常自稱爲天主教的作家。

5. 士林哲學的美術論

士林哲學經過文藝復興以後的衰頹時期，於今已經又走上復興的大道。士林哲學復興之路，一方面在於發揮中古士林哲學的基本形上觀念，一方面在於加入新的材料和新的方法。在美學上，新士林哲學也採取這樣的途徑，既不拋棄聖奧斯定和聖多瑪斯的美學觀念，但也不死守這兩位大師的簡單美學思想。例如聖多瑪斯曾說：「美是悅目之物」。這項定義雖然不錯，但是缺而不全。新士林哲學的美學，於今願意成爲一完整的美術論。

但是新士林哲學的學者特別研究美學而寫有專書者很少，我們可以見到的美術論，有馬里旦（Jacques Maritain 1882A.D.-1922A.D.）⓬德布魯益能（Edgar de Bruyne）⓭百魯則里（Nicola Petruzzellis）⓮史德訪尼義⓯（Luigi Stefanini）的著作，還有傳信大學教授維里諾（Hugo Viglino）的美學講義。⓰

在後面兩章裡，我要根據這些學者的意見，發揮士林哲學的美術思想，在這裡我便不介紹他們的思想了。僅僅簡單地說幾句馬里旦的美術思想。

馬氏爲法國當代的第一流哲學家，第二次大戰後曾任法國駐教廷第一任大使。馬氏的哲學，祖聖多瑪斯。他的美學也是發揮聖多瑪斯的思想。美術，爲善於作物之道，因此美術，屬於理智，不屬於感覺。美，則爲實體的一種特性，本係精神性；但爲成美術之美，應該實現於一項具有個性的作品中，而這作品的形態又具有光輝。美術之美，便是理智的觀念，表現於物質，而物質的形態又具有適宜的形態。因爲美雖爲理智性的，但是人之爲人，有靈魂有肉體，因此適合於人之美，乃是由感官在形色中所直覺，而又愉悅精神之美。人的美感，由理智運用感覺而成。但是人在欣賞美時，理智被美的光輝所光照，不用思索，面對著感覺所直覺的形態，而見到美，精神因而愉快。

馬氏的美學，可是說是形上學的美術思想，其他士林哲學家的美學，則多注意美術和心理學的關係。我們在後面，則連接這兩方面去研究美和美術的意義。

註釋

❶ S. Thomas, Summa Theologica, I. qu. 39. a, 8.

❷ 吳康，康德哲學，第二冊，頁二五四。

❸ 同上，頁二五八。

❹ Delacroix La Psychologie de L. art. Past. I.paris, 1927.

❺ F, Th, Vischer-Hesthik oder Wissenschaft des Schoenen Reutlingen. Lipsia Stoccarda 1846-1857.

❻ 朱光潛，談美，頁二七，開明書局，民廿六年。

❼ 朱光潛，談美，頁一二二。

❽ H. Toine-Philosophie de l'art 4ed. Paris, 1885.

❾ B. Croce. Estetica. p.3, Bari, 1946.

❿ Sartre, L'etre et n'eant, Paris, 1943.

⓫ Paul Claudel, Art poetique, Paris, 1907.

⓬ J. Maritain, Art et scholastique, Paris, 1920.

⓭ E. de Bruyne, Esquisse d'une philosophie de l'art. Burxelles, 1930.

⓮ N. Petruzzellis, Filosofia dell, aste Roma, 1944.

⓯ L. Stefanini, Trattato di cstetica, Brenia, 1955.

⓰ H. Viglino, Aesthetica, Roma, 1958（拉丁文講義）。

國家圖書館出版品預行編目資料

生命哲學的美學

羅光著.—初版.—臺北市：臺灣學生，1999 [民 88]
面；公分

ISBN 957-15- 0992-2 (平裝)

180　　88014368

生命哲學的美學（全一冊）

著作者：羅光
出版者：臺灣學生書局
發行人：孫善治
發行所：臺灣學生書局
臺北市和平東路一段一九八號
郵政劃撥戶：○○○二四六六八號
電話：(○二)二三六三四一五六
傳真：(○二)二三六三六三三四
本書局登記證字號：行政院新聞局局版北市業字第捌玖壹號
印刷所：宏輝彩色印刷公司
中和市永和路三六三巷四二號
電話：二二二六八八五三

定價：平裝新臺幣一三〇元

西元一九九九年十月初版

19109

ISBN 957-15 –0992-2(平裝)